홀리 바디

홀리 바디

지은이 | 정주호
초판발행 | 2024. 9. 25
2쇄 | 2025. 1. 17
등록번호 | 제1988-000080호
등록된 곳 | 서울특별시 용산구 서빙고로65길 38
발행처 | 사단법인 두란노서원
영업부 | 2078-3333 FAX 080-749-3705
출판부 | 2078-3331

책 값은 뒤표지에 있습니다.
ISBN 978-89-531-4912-0 03230

독자의 의견을 기다립니다.
tpress@duranno.com   http://www.duranno.com

ⓒ 이 출판물은 저작권법에 의해 보호를 받는 저작물이므로
무단 전재와 무단 복제, 무단 사용을 할 수 없습니다.

두란노서원은 바울 사도가 3차 전도여행 때 에베소에서 성령 받은 제자들을 따로 세워 하나님의 말씀으로 양육하던 장소입니다. 사도행전 19장 8-20절의 정신에 따라 첫째 목회자를 돕는 사역과 평신도를 훈련시키는 사역, 둘째 세계선교(TIM)와 문서선교(단행본·잡지) 사역, 셋째 예수문화 및 경배와 찬양 사역, 그리고 가정·상담 사역 등을 감당하고 있습니다. 1980년 12월 22일에 창립된 두란노서원은 주님 오실 때까지 이 사역들을 계속할 것입니다.

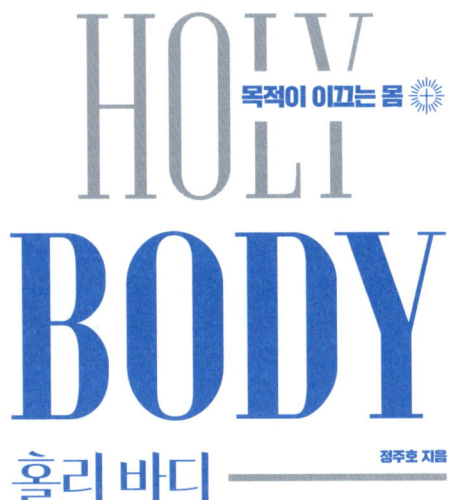

HOLY BODY

홀리 바디

목적이 이끄는 몸

정주호 지음

두란노

추천사

어쩌면 많은 그리스도인이 《홀리 바디(HOLY BODY)》라는 책 제목을 매우 도발적이라고 느낄 수 있을 것 같습니다. 왜냐하면 영은 고상하고 아름답고 존귀한데, 육체로 표현되는 몸은 악하고 더럽다는 잘못된 헬라 철학의 영향이 여전히 그리스도인들의 잠재의식 속에 자리 잡고 있기 때문입니다. 그러나 히브리적 사고에서 몸과 영혼은 결코 분리되어 있지 않습니다. 성경의 가르침 속에서 인간은 통전적이고 전인적인 존재입니다. 몸을 가꾸는데 집중하는 것은 세속적이고 비성경적일 것이라는 막연한 죄책감에 사로잡혀 있는 많은 그리스도인에게 이 책은 놀라운 깨달음과 자유함을 선물할 것이라고 확신합니다.

곽수광_푸른나무교회 담임목사

"육체를 아름답게 가꾸고 건강하게 만드는 것은 우리의 신앙과 어떤 관계가 있을까?" 외모를 중시하고 건강한 육체를 숭상하는 이 시대를 살아가는 신앙인들이 종종 묻는 질문입니다. 그리고 이런 질문의 답이 이 책에 명쾌하게 담겼습니다.
건강한 육체와 기독교 영성에 대한 관계를 이처럼 잘 정리한 책이 있을까요? 오랫동안 피트니스 전문가로 사람들에게 운동을 가르치면서 얻은 저자의 신앙적 통찰이 돋보입니다. 더불어 몸에서 시작되는 영성, 즉 육체의 관리를 통해서 얻게 되는 영적 유익에 대한 이야기는 감탄을 자아냅니다. 따뜻한 사랑이 담긴 필체와 수려한 문장은 책을 읽을수록 빠져들게 하는 또 다른 매력입니다. 첫 장을 펼치면 마지막 장까지 단숨에 읽게 될 정말 재미있고 유익한 책입니다.

김경진_소망교회 담임목사

세상에서 작은 예수로 살아가기를 원하십니까? 선교적인 삶을 살아가기를 원하십니까? 의의 병기로 쓰임 받기를 원하십니까? 이렇게 목적이 이끄는 삶을 살아가려면 목적이 이끄는 '홀리 바디(HOLY BODY)'가 되어야 합니다. 이 책은 몸을 몸으로만 생각하는 이 시대의 사람들에게 몸을 하나님의 성전으로, 목적이 이끄는 하나님의 시선으로 바라보게 만듭니다.

사람의 건강을 돕는 정주호 박사의 삶의 고백이 담겨 있는 이 책이 육체만이 아니라 마음과 영혼의 근육까지 함께 키워 주는 귀한 책이 되기를 소망하며 강력하게 추천합니다.

김은호_오륜교회 설립목사

저자는 스타트레인의 대표이자 곳곳에서 초청받는 명강사입니다. 최근에는 재활과학 박사학위를 받고 신학 공부도 하고 있다고 들었습니다. "하나님이 당신을 향한 목적을 이루시기 위해 세상에 보내셨다"고 주장하시듯 끝없는 도전과 열정으로, 건강 전도사로 젊음을 불태우고 있습니다. 바쁜 중에 쓴 《홀리 바디(HOLY BODY)》의 제목만 보아도 하나님의 디자인이 보입니다. 아무도 따라 할 수 없는 넓은 시야로, 사람을 사랑하는 마음으로, 하나님의 말씀을 전하는 믿음으로 세상에 영향력을 나타내고 있습니다. 저자를 만나는 사람이면 누구든지 긍정의 힘이 솟구치듯이 이 책이 많은 사람에게 건강과 복음의 빛으로 역사하길 바랍니다.

김정숙_삼성서울병원 원목

누구든지 건강한 삶을 살기 위해 한 가지 기억해야 할 단어가 있다면 '균형' 일 것입니다. 단순히 몸(육체)과 마음(내면)뿐만 아니라, 영혼(영)의 균형도 필요하기 때문입니다. 이로 인해 우리는 하나님이 허락하신 인생의 목적과 더불어 신앙의 목적도 찾아가는 제대로 된 '균형 잡힌 삶' 을 살아갈 수 있게 됩니다. 이 책을 읽는 독자들이 균형 잡힌 건강한 그리스도인으로 성장할 것을 확신합니다.

마크 최_뉴저지 온누리교회 담당목사

정주호 대표의 책에서는 땀 냄새가 납니다. 치열하게 살아온 삶의 흔적 속에 밴 향취입니다. 여기저기 고여 있는 눈물자국도 보입니다. 소망 없던 청년을 변화시킨 주님을 향한 헌신의 눈물이자, 애틋한 사연을 가진 회원들과 나눈 사랑의 눈물입니다.

영·혼·육의 전인적 건강함을 이런 열정과 실제적 사례를 통해 이야기할 수 있는 사람이 누가 있을까요? 목적 있는 인생을 갈망하는 모든 분에게 이 소중한 책을 기쁨으로 추천합니다.

안광복_청주 상당교회 담임목사

《홀리 바디(HOLY BODY)》는 우리의 몸을 건강하게 가꾸어야 할 이유를 생각하게 하는 건강 전도사 정주호 박사의 책입니다. 운동의 본질과 목적에 대한 신앙적 고찰을 하는 동안, 우리는 몸에 대한 외모지상주의적인 관점에서 벗어나 선교의 도구로 사용될 우리의 몸을 마주하게 될 것입니다. 그리고 그 마주함 속에서 하나님이 주신 비전과 행복한 삶을 발견할 수 있을 것입니다.

유근재_주안대학원대학교 총장

이 책은 저자가 자신의 체험을 통해 터득한 삶의 지혜를 신체 교육에 적용하며, 그의 경험을 진솔하게 서술한 신앙 고백서와 같은 책입니다. 몸이 불편한 사람들을 위한 운동에 한계를 느끼고 더 깊이 연구하며 재활과학 박사학위를 받은 그의 진정성을 지도 교수로서 엿볼 수 있었습니다. 신앙인으로서, 그리고 운동 전문가로서 사명감을 가지고 여러 사람을 하나님이 기뻐하시는 거룩한 성전인 몸으로 이끌기 위한 노력과 노고를 저는 잘 알고 있습니다. 이 책은 진정한 치유가 무엇인지 보여주며 많은 이에게 귀중한 가르침을 줄 것입니다.

윤범철_고려대학교 보건과학대학 명예교수

우리의 몸은 놀랍고 신비로운 소우주입니다. 하나님이 당신의 형상으로 창조하신 우리의 몸은 영·혼·육의 총체적인 생명체와 같습니다. 초고령화 시대의 주된 관심사 가운데 하나는 '헬스케어'와 '웰빙'입니다. 저자는 스타트레인 대표, 건강 전도사, 피트니스 전문가, 인플루언서, 재활과학 박사 등과 같은 다양한 수식어로 불릴 만큼 헬스케어 분야의 최고 전문가입니다. 이 책은 영·혼·육의 삼위일체적 건강한 삶을 추구하는 그리스도인들을 위한 가장 탁월한 몸 사용법을 안내합니다. 단순한 헬스케어 안내서가 아닌, 감동적인 간증과 함께 하나님 형상 회복을 지향하는 전인적 건강 비결을 제시합니다. "하나님의 집"(고전 3:9)인 '홀리 바디(HOLY BODY)'로 백세시대를 건강하게 항해하길 원하는 모든 그리스도인에게 이 책은 가장 귀한 선물이 될 것입니다.

이상명_California Prestige University (前 미주장로회신학대학교) 총장

초대 교회부터 지금까지 끊임없이 신앙을 허무는 사상은 이원론입니다. 이런 사상은 인간의 몸으로 오신 하나님의 아들 예수 그리스도가 그분의 죽음과 부활하심으로 궁극적으로 우리의 몸을 부활에 이르게 하신다는 복음을 부정합니다. 이는 세상에 대한 무관심으로 이어지며 세상의 소금과 빛의 소명을 망각하게 합니다. 따라서 우리의 몸이 곧 거룩한 하나님의 성전임을 깨닫고 몸으로 하나님께 영광을 돌려야 한다는 우리의 소명(고전 6:19-20)을 바로 아는 것이 매우 중요합니다.

이 책은 이러한 신앙적 토대 위에서 몸 관리의 중요성을 잘 가르쳐 줍니다. 피트니스 센터를 교회처럼 운영하는 저자의 철학은 세상 속에 선교사로 살아가는 성도의 태도입니다. 이 책을 통해 많은 성도가 온전한 복음 안에 감추인 전인적 신앙의 비밀을 더욱 깊이 체험하고 건강한 몸을 유지하는 데 큰 도움을 받길 기도하면서 추천합니다.

이재훈_온누리교회 위임목사

대한민국을 대표하는 운동 전문가인 정주호 대표는 퍼스널 트레이너 1세대로 오랫동안 활동해 오며 육체의 건강을 아는 지식만이 아닌 영혼을 강건하게 만드는 하나님의 원리를 믿음의 지혜를 통해 발견했습니다. 영혼보다 육이 지배하는 세상에서 육을 통해 하나님의 거룩하신 영을 알리는 저자의 선한 영향력이 기름 부으심 가운데 한국을 넘어 전 세계에 확장되기를 기도하며 응원합니다.

이종용_LA 코너스톤교회 담임목사

성경은 창조된 모든 만물이 선하다고 가르칩니다. 우주 만물을 창조하신 후에 하나님은 "보시기에 좋았더라"(창 1:31)고 선언하셨습니다. 우리는 본래 몸도, 영혼도 선하게 창조되었습니다. 문제는 아담과 하와의 반역으로 죄가 세상에 들어온 것입니다. 그 죄는 사람의 마음 안에 자리 잡았고, 몸은 죄의 저주 아래 있게 되었습니다. 그럼에도 성경은 여전히 타락인의 몸조차도 선하다고 가르칩니다.

예수 그리스도를 구주로 믿고 거듭난 그리스도인의 몸은 당연히 선하고 거룩합니다. 이제 구원받은 그리스도인의 몸에는 성령이 내주하십니다. 그 결과 우리의 몸은 성령의 전이 되었습니다. 그렇기에 우리 몸으로 하나님께 영광을 돌리라고 주님은 명령하십니다. 또한 주님은 우리 몸을 거룩한 산 제물로 드리라고 명령하십니다(롬 12:1). 이 책은 오랫동안 잊히고 무시받은 이 진리를 분명하고 확실하게 회복해 줍니다. 이 시대 모든 그리스도인의 필독서로 적극 추천합니다.

정성욱_덴버신학교 조직신학교수, 한국어부 학장

CONTENT

추천사 · 4   시작하는 말 · 10

PART

건강한 몸, 하나님의 성전

01 몸을 지키는 것이 영성입니다 · 29
02 식탐이라는 탐욕에서 벗어나세요 · 43
03 몸도 마음도 근육이 답입니다 · 53
04 작심삼일 말고 작심평생 합시다 · 71
05 어젯밤 푹 주무셨나요 · 91

PART

건강한 삶, 하나님의 임재

06 선교도 몸으로 합니다 · 107
07 몸이 바뀌면 삶이 바뀝니다 · 127
08 하나님이 세워 가십니다 · 137

PART

영혼의 응급 처치(Church), 스타트레인

09 죽을 힘으로 일어났습니다 · 163
10 하늘의 위로를 받았습니다 · 177
11 부족한 자에게도 찾아오십니다 · 187

감사를 전하며 · 198   부록 · 203

시작하는 말

건강도 영성입니다

썩어 없어질 몸이라고?

어린 시절부터 교회를 다니며 설교 시간마다 영혼에 관한 얘기를 끊임없이 들었습니다. 일을 시작한 청년기에는 '신체 건강 관리의 중요성을 강조하는 설교를 언제쯤 들을 수 있을까' 하는 마음으로 수년간 목사님들의 설교를 목마르게 기다리던 때도 있었습니다.

성경은 우리 몸이 영·혼·육으로 이루어져 있음을 분명히 말씀합니다. 육 또한 하나님이 지어 주신 것으로, 우리는 이 육의 옷을 입고 세상을 살아가고 있습니다. 그럼에도 믿는 우리는 마치 이 육체가 천국에 입성하기 전에 벌레가 허물을 벗듯 "썩어 없어질 것"으로만 치부하고 맙니다. 영혼은 우월하고 고귀한 것으로 인식하는 반면, 육체는 상대적으로 가치 없고 무의미한 것으로 여기는 것입니다. 정말 영혼만이 순수하고 육신은 죄의 본성일까요? 우리가 익히 들은 설교 말씀들처럼, 육신적인 생각, 행동, 가치는 죄의 온상일 뿐이고, 육신은 더럽고 죄로 가득 찬 것일 뿐일까요?

교회와 많은 크리스천의 생각이 이 범주에서 크게 벗어나지 않는다는 사실을 알고 이런 생각을 바로잡고 싶다는 생각이 들었습니다. 저 역시도 잠시 하나님을 떠난 청년기에는 영혼은 안중에 없고 오직 육체만으로 살아가던 때가 있었습니다. 몸의 본성을 이기지 못하며 살아갔고, 또 그런 사람들과 어울렸습니다. 그때 저는 하나님을 알지 못하는 사람들은 너나 할 것 없이 모두 육체의 본능이 영혼의 본질을 지배하는 세상에서 살고 있다는 것을 알게 되었습니다.

그런 경험을 해보니 제게는 오히려 이런 질문이 생겼습니다.

"인간은 이렇게나 육체를 사용해 죄를 짓는데, 정말 하나님은 우리 몸에 큰 관심이 없으실까?"

이 질문의 답은 성경을 펴자마자 창세기에서 찾을 수 있었습니다. 하나님은 세상을 다 창조하시고 마지막 6일째 인간을 지으셨습니다.

> 여호와 하나님이 땅의 흙으로 사람을 지으시고 생기를 그 코에 불어넣으시니 사람이 생령이 되니라 창 2:7

하나님은 말씀으로 세상을 창조하신 후 손수 흙을 빚어 하나님의 형상으로 인간을 만드셨습니다. 거기에 생기, 다시 말해 성령을 불어넣으심으로 움직이게 하셨습니다. 우리의 몸은 처음부터 악이 없던 선한 성령의 그릇으로 출발했다는 것을 여실히 보여 주고 있는 대목입니다.

육은 죄의 부산물도 아니고 더럽기만 한 껍데기일 뿐인 것도 아닙니다. 우리의 몸은 하나님이 우리에게 손수 만들어 주신 선물입니다. 그런데 안타깝게도 최초의 인간인 아담과 하와는 이 몸으로 죄를 지었습니다. 그 후로 인간은 셀 수 없이 많은 죄를 몸으로 짓게 되었습니다. 그런데도 성경이나 신학책 어디를 뒤져 봐도, 그리고 수많은 목사님의 설교를 들어 봐도 이 문제를 심도 있게 다룬 것을 보지 못했습니다. 교회 안에서 우리 몸은 철저히 외면받아 왔습니다. 저는 이 문제를 정면으로 부딪치며 성경으로 해결하고 신앙으로 결론짓고 싶었습니다.

우리에게는 하나님이 주신 영·혼·육이 있습니다. 이것만 보더라도 육이 차지하고 있는 가치의 비율이 1/3이나 되는 것을 알 수 있습니다. 영·혼·육은 아주 깊은 상관관계가 있습니다. 영과 혼만 변하고 육이 변하지 않으면 우리는 그것을 완전한 변화라고 말할 수 없습니다. 혼과 육만 변하고 영이 변화하지 않은 것은 말할 것도 없습니다. 성부, 성자, 성령의 삼위일체가 완전하신 것처럼, 우리의 영·혼·육도 삼위일체적으로 균형을 이루며 변화해야 완전히 변화되었다고 말할 수 있습니다. 예를 들어 죄인이던 내가 하나님을 만나 믿음을 갖게 되었습니다. 그러면 우리의 변화는 여기에서 끝나지 않습니다. 영적 변화를 통해 혼에 해당하는 의식과 생각이 변화되고, 육의 말과 행동이 변화되면서 성령 하나님이 주신 인품과 인격을 갖춘 총체적 변화의 품격 있는 삶으로 바뀝니다. 그럴 때 변화된 내 모습이 누군가에게 긍정적인 영향을 끼칠 수 있습니다. 이것이 그리스도의 제자로서 선교하고 복음을 전하게 되는 과정입니다.

그렇기에 육신 자체를 죄된 것으로 판단할 수 없습니다. 우리의 자아와 죄의 생각과 본성에서 출발하는 죄성이 몸을 지휘하고 움직일 때 몸은 죄를 짓게 되어 있습니다. 어떻게 보면 죄의 출발점은 영과 혼의 타락입니다. 그런데도 몸은 영과 혼에 비해 가혹한 대접을 받으니 얼마나 억울할까요.

같은 몸이라도 육(물질)적인 가치를 가지고 육체의 삶으로 살면 죄된 몸이지만, 영(하나님)적인 가치를 가지고 살아가면 선하고 영적인 몸이 될 수 있습니다. 그러므로 우리는 나의 몸을 단순한 육(물질)으로만 보지 말고 하나님이 주신 고귀한 작품으로 여기며 영적인 몸이 되도록 끊임없이 노력해야 합니다(고전 15:44).

인간의 의지와 노력, 수고와 인내 없이 얻어지는 것 치고 선한 것이 별로 없습니다. 오히려 죄와 탐욕이 가득한 방향으로 점점 더 우리를 이끌어 가지요. 생각해 보면 놀고먹으며 한량처럼 편히 살아가는 사람을 세상 사람들은 모두 부러워하지 않습니까? 흔히 '주님보다 건물주님'이라고 합니다. 그만큼 이 땅에서는 좋은 지역에 있는 건물로 임대료를 받으며 사는 사람을 부러워합니다. 어떻게 보면 세상이 참 불공평해 보이기도 합니다. 어떤 사람은 노동 없이 얻어지는 큰 수익으로 온갖 문화와 혜택을 누리는 것 같은데, 어떤 사람은 뼈 빠지게 일해도 밑 빠진 독에 물 붓듯 인생을 사는 것 같으니 말입니다. 그러니 너도나도 부동산에 투자합니다. 현대로 올수록 가상화폐나 주식에 몰두하는 사람도 많습니다. 모두 불로소득, 일확천금의 기회를 얻고자 하는 것입니다. 이런 유혹이 교묘하게 우리 마음을 조종합니다. 그러나 이런 것들은 결국 큰 상실감과 좌절감을 맛보게 합니다.

 영적 가치를 최우선으로 둔다고 하는 크리스천이라고 다를까요? 요즘은 교회에서도 하나님의 재정 강의라는 이름 아래 돈 버는 강의, 주식 투자 강의를 하는 곳도 있다고 합니다. 물론 세상을 살면서 재정을 관리하는 지혜는 필요하지만, 내 인생 최우선 가치가 일하지 않고도 남들처럼 떵떵거리며 안전하고 보장된 노후를 누리고자 하는 것이라면 문제가 있어 보입니다.

이 땅에 인간의 몸으로 오신 예수님

저는 이 책을 통해 지금까지 교회에서 수없이 말해 온 영혼 중심적 성경교육에서 잠시 벗어나서, 같은 맥락에서 출발하되 몸에서부터 시작하는 영성과 영혼에 관해 이야기해 보고자 합니다.

우리는 몸으로 이 땅에 창조되었고 몸이 있어야 몸 안에 영혼을 담고 살아갈 수 있습니다(고전 15:44). 만약 몸이 없다면 우리가 이 땅에서 어떻게 살 수 있을까요. 하나님의 성령인 영혼을 담고 살아갈 그릇이 없어지니 말입니다. 다시 말해 창조가 되었다는 것은 무기물에서 유기물로 변화되었다는 것이며 이것은 인간적인 생각으로는 믿어지지 않는 일입니다. 영원의 비밀을 간직한 무한한 영적 존재가 수명이 있는 육체에 담겨서 유한한 존재로 동시에 살아간다는 것이기 때문입니다. 그래서 우리의 몸은 영적인 측면에서 이해하고 바라보아야 합니다. 영혼의 고귀함과 고결함을 잘 이해하고 그 영혼이 추구하는 대로 잘 따르고 살아갈 수 있는 깨달음과 노력과 의지의 결집체가 몸이기 때문입니다.

더욱이 우리의 영혼이 몸을 벗어나는 일은 살아생전에는 절대 불가능합니다. 유한한 육체의 생명이 다 소멸할 때 몸으로부터 영혼이 자유를 얻고 하나님 나라에 들어가게 됩니다. 그런 관점에서 보면 영원한 삶을 안내하는 유한하고도 짧은, 100년두 채 안 되는 시간 동안 몸의 의미는 더 특별합니다. 천국으로 가기 위한 조건이 몸으로 살아가는 동안의 삶을 통해서 얻어지기 때문입니다.

앞서 말한 것처럼 우리는 삼위일체의 완벽한 조화를 이루시는 하나님처럼, 영·혼·육의 조화를 이루는 신앙생활을 해야 합니다. 그러한 본보기를 먼저 보이신 분이 바로 예수님입니다. 예수님은 인간과 똑같은 몸으로 이 땅에 오셨습니다. 걷고, 음식을 드셨고, 피곤함을 느끼면 쉬셨고, 주무셨습니다. 십자가를 지고 걸어가실 때는 온몸이 땀으로 가득했고, 채찍에 맞으실 때는 피를 쏟으셨습니다. 육신의 모진 고통을 오롯이 다 느끼셨다는 의미입니다. 그 때의 예수님은 체력적인 한계를 경험하셨습니다. 말 그대로 육신 그 자체, 인간의 몸 그 자체를 사셨습니다.

그렇지만 예수님은 육체만으로 살다 가신 것이 아닙니다. 육신을 입으신 성령 그 자체셨습니다. 때로는 육체의 고통으로 손 하나 까딱할 수 없을 만큼 힘드셨을 때도 영혼을 힘입어 일어나셨습니다. 수많은 공격과 요청에 시달리시면서 지치고 피로한 순간에도 어김없이 몸을 일으켜 고아와 과부와 병들고 소외된 자들에게 선행을 멈추지 않으셨습니다.

우리의 몸은 의식과 인지에 의한 명령에 따릅니다. 그런 명령체계의 사고는 어린 시절, 부모로부터, 친구들이나, 학교 및 공동체 등의 여러 환경을 통해 자연스럽게 학습하고 적용할 수 있습니다. 세상적 가치와 기준이 생기는 당연한 원리이기도 합니다. 하지만,

"너희는 이 세대를 본받지 말고 오직 마음을 새롭게 함으로 변화를 받아 하나님의 선하시고 기뻐하시고 온전하신 뜻이 무엇인지 분별하도록 하라"(롬 12:2)라고 한 사도 바울의 말씀처럼, 하나님을 믿는 사람이라면 몸의 활동을 만들어 내는 명령 체계가 세상 문화나 교육에서 비롯된 것이어서는 안 됩니다. 우리 몸의 활동이 삶을 만들어 갑니다. 따라서 우리 몸을 움직이게 하는 모든 명령 체계 자체가 하나님에 의한 것이어야 합니다. 그러기 위해서는 말씀에 기초한 행동을 하도록 끊임없이 생각하고 실천하려고 노력해야 합니다.

어떠한 말을 스스로에게 반복적으로 하면 버릇을 만들어 갈 수 있습니다. 버릇이 되면 습관이 형성되고, 습관이 되면 생활이 되며, 생활이 되면 삶 전체가 될 수 있습니다. 그럴 때 어떤 상황에서도 고민하거나 주저하지 않고도 내 몸이 습관처럼 선한 삶의 실천적 모습으로 살아갈 수 있습니다.

목회자와 트레이너의 공통점

과거 자동차는 운전을 하다가 멈춰야 운전자가 고장이 난 것을 인식하고 수리를 받을 수 있었습니다. 그런데 기술이 날로 좋아져서 요즘은 문제가 생기기 전에 미리 경고등이 켜집니다. 그러면 그 문제가 차를 멈춰 세우기 전에 카센터에 찾아가 점검받을 수 있습니다.

육이나 영이 건강한 사람과 그렇지 않은 사람을 판별하는 기준도 이와 같습니다. 중년이 되어 몸이 아프기 전에 혈당이나 혈압, 체지방 수치나 골밀도 등을 체크하고 운동하면서 질병을 예방하면 나중에 큰 고생을 덜 수 있습니다. 나아가 더 건강해진 삶도 기대할 수 있습니다. 신앙도 마찬가지입니다. 삶의 어떤 문제로 인한 내 생각의 기준과 적용이 세상적 가치 기준에 의한 것인지, 성령님이 주시는 하나님의 가치관에서 시작된 것인지를 알아야 영적 질병에 걸리지 않습니다.

제 지도교수님이던 고려대학교 재활과학 윤범철 교수님이 강의 때마다 늘 강조하는 것이 있었습니다. 아픈 사람들을 치료하고 회복으로 이끄는 재활은 '훌륭한 재활'이고, 아프기 전에 미리 전조증상을 파악해서 예방하는 재활은 '최고의 재활'이라는 것입니다. 신앙생활에 있어서도 '훌륭한 재활'이 물론 좋지만, '최고의 재활'까지 나아가야 합니다. 그러기 위해 영적이지 않은 내 생각과 삶을 미리 돌아보고 재빨리 원상복구해야 합니다. 그럴 때 영·혼·육이 강건한 사람으로 살아가는 데 모범이 됩니다.

이런 원리로 보면 현재 제가 운영하는 피트니스 센터는 교회와 같은 원리로 움직인다 말할 수 있습니다. 목회자는 성도들의 영적 건강을 위해 말씀으로 가르치고 목양합니다. 우리 피트니스 센터에서도 트레이너들이 회원들의 육적 건강을 위해 바른 운동법과 생활 습관을 지도합니다. 목회자와 트레이너 모두 영·혼·육의 회복과 건강을 위해서 힘쓰는, 하나님이 쓰시기 좋은 선한 직업인들입니다.

목회자는 성도들에게 하나님의 말씀을 온전히 잘 전달하기 위해 항상 영적으로 깨어 있으려고 노력합니다. 그래서 삶이 하나님으로부터 멀어지지 않으려고 각자의 규칙을 가지고 살아갑니다. 트레이너도 이와 같아야 합니다. 회원들에게 육의 건강을 지도하려면 먼저 본인이 규칙적인 수면 습관과 영양 섭취, 꾸준한 운동을 하는 삶의 균형을 이루어야 합니다. 이런 삶을 통해 많은 사람, 특히 영·혼·육의 균형을 이루고자 애쓰는 크리스천에게 삶의 롤모델이 되어 줄 수 있어야 합니다. 내가 영적 싸움에서 이기지 못하고 눈앞에 놓인 수많은 유혹에 타협하고 굴복한다면, 그런 나를 본받고 따라오려고 하는 믿음의 다음 세대가 무너지는 것을 막을 수 없기 때문입니다.

속사람의 아름다움이 가진 고귀함

육체적 건강을 지도하는 사람으로서, 우리가 반드시 짚고 넘어

가야 할 것이 있습니다. 영·혼·육의 균형 있는 건강을 위해 몸을 가꾼다고는 하지만, 간혹 그 균형이 깨져 눈에 보이는 것에 더 관심을 쏟는 사람이 있습니다. 이것을 반드시 경계해야 합니다.

우리는 흔히 외모를 보고 타인에 대한 선입견을 갖기도 하고 여러 가지를 판단합니다. 그의 말과 행동, 생각, 성격적인 특징 등을 경험하기 전에 가장 먼저 눈에 들어오는 상대방의 첫 모습이 얼굴과 체형과 체격일 테니 어쩔 수가 없습니다. 어쩌면 역사적 먹구름처럼 지나온 인종 간의 편견과 차별도 그런 범주에서 생각해 볼 수 있습니다. 그뿐입니까? 장애인과 비장애인을 차별하고, 마른 사람과 살찐 사람을 차별하고, 키가 큰 사람과 작은 사람을 차별하는 일들도 외모를 판단하는 습관에서 비롯됩니다.

이런 선입견에 의한 편견과 판단은 본능적으로 이루어지기 때문에 사람들이 의외로 잘 인식하지 못합니다. 자기도 모르게 그 사람의 외모로 그의 마음과 성격 등 모든 것을 평가합니다. 예를 들어 과체중인 사람을 보면 게으를 것이라고 판단하고, 마른 사람을 보면 예민할 것이라고 판단하는 것입니다. 그러나 신체의 특징으로 그 사람의 성격을 함부로 결정하고 판단할 수 없습니다.

인간에게는 눈에 보이는 건물, 집, 차, 옷, 보석과 같은 유형의 가치보다 더욱 중요한 무형의 가치가 있습니다. 사랑, 우정, 긍정, 비전과 같은 가치입니다. 마찬가지로 사람에게도 눈에 보이는 얼굴, 눈매, 키, 체격, 체형, 걸음걸이 같은 눈에 보이는 가치 이면에 그보다 더 중요한 내면의 성품, 양심, 예의 같은 가치가 분명 존재합니다.

저는 운동 지도를 하면서 신체적 장애를 가진 사람을 많이 만납니다. 그들 중에는 비록 장애에 얽매여 고통을 당하는 것처럼 보이지만, 그보다 더 고귀한 내면의 아름다움을 갖고 있는 사람이 많았습니다. 내면만 보면 장애가 없는 사람들보다 훨씬 건강하다는 생각도 듭니다. 반대로 신체는 멀쩡한데 근심과 우울로 마음의 장애를 가진 사람들을 더 많이 보았습니다. 우리나라는 OECD 국가중 자살률 1위라는 불명예로운 타이틀을 갖고 있습니다. 그들이 자살하는 이유는 신체적인 문제가 아니라 마음의 문제가 큽니다.

따라서 우리는 사람을 외모로 평가해서는 안 됩니다. 속사람의 아름다움은 겉모습의 어느 아름다움과도 비할 수 없기 때문입니다. 우리가 세상을 바라볼 때 보여지는 것이 아니라 보이지 않는 세계를 통해 바라봐야 하듯이, 사람들을 보는 관점도 외면이 아닌 내면을 바라보려는 노력이 필요합니다.

6 그들이 오매 사무엘이 엘리압을 보고 마음에 이르기를 여호와의 기름 부으실 자가 과연 주님 앞에 있도다 하였더니 7 여호와께서 사무엘에게 이르시되 그의 용모와 키를 보지 말라 내가 이미 그를 버렸노라 내가

> 보는 것은 사람과 같지 아니하니 사람은 외모를 보거니와 나 여호와는
> 중심을 보느니라 하시더라 삼상 16:6-7

몸의 건강은 단순히 운동만으로는 해결되지 않습니다. 특정 부위가 날씬해지고 체중이 현격하게 줄고 몰라볼 만큼 근육을 키우는 것은 운동과 식단을 통해 어느 정도 단기적인 효과를 볼 수는 있습니다. 그러나 몸에 대한 가치의 생각과 철학이 있지 않으면 이러한 극적인 변화는 역시 극적으로 되돌아가기 마련입니다. 즉 우리 몸의 건강은 궁극적으로 영과 혼의 건강, 내면의 건강까지 챙길 때 완전해질 수 있습니다.

행복은 몸의 건강으로부터

인생의 목표나 삶의 질 그리고 행복은 몸의 건강과 떼려야 뗄 수 없는 관계입니다. 몸의 건강이 곧 행복의 연결 통로입니다. 만일 생명을 가진 몸이 없다면 우리 삶 자체에 어떤 의미를 부여할 수 있을까요? 몸이 없으니 생명도 없고 생명이 없으니 그 어떤 것도 논할 수 없지 않을까요? 살아 있으니 웃을 수 있고 울 수도 있습니다. 기쁨도 슬픔도 몸이 있으니 느끼는 감정입니다. 그러니 우리는 육체의 건강을 하나님 앞에 구해야 하고 또 건강하게 될

때 감사해야 합니다.

수천억 원을 가지고 당장 내일 죽을 운명이라면 얼마나 억울하고 침통할까요? 차라리 통장 잔고가 0원일지언정 몸이 멀쩡히 살아 숨 쉬고 건강하다면 거기에 소망이 있지 않을까요? 아직 나에게 이 땅에서 살아가야 할 이유와 목적이 있기에 하나님이 살려 두신 것이기 때문입니다. 그러한 하나님 안에서 내가 살아 있는 목적을 찾고, 그 목적대로 한눈팔지 않고 나아가는 것이 우리 인생의 최고 행복이자 은혜임을 기억하기를 바랍니다.

그러니 우리가 살아갈 때에 육체의 건강은 영의 건강만큼이나 중요합니다. 몸의 건강이 곧 행복을 향한 과정임을 잊지 말아야 합니다. 몸이 건강해야 미래에 소망이 있습니다. 미래의 소망은 돈이나 명예나 지위에 있지 않습니다. 건강에 있습니다. 따라서 몸을 위한 공부는 성경 공부만큼이나 우선되어야 합니다. 내 몸이 건강해야 다른 것들도 그 기초 위에서 마음껏 힘을 발휘할 수가 있습니다.

열등감을 극복하고 발견한 비전

저는 어린 시절 보잘것없이 약하고 가느다란 몸으로 또래 친구들과 어울리지 못하던 신체적 열등감을 가진 아이였습니다. 당시에 저를 짓궂게 놀리던 아이들은 저와는 비교할 수 없을 정도로 체격과 체력이 좋았으며, 그 사실에 우월감을 가지고 있었습니다.

사실 우월감은 열등감을 벗어나지 못한 사람들이 가지는 자아의식입니다. 내가 남보다 더 낫다는 생각의 전제는 내가 남보다 무엇이라도 더 나은 것을 찾고 그것에 의해 나의 존재의식을 그렇지 못한 상대에게 드러내고자 하려는 마음이 깔려 있습니다. 사람은 어떤 한 가지의 논제만 가지고 비교하고 평가할 수 없습니다. 그럼에도 한두 가지에 집중해서 나보다 어떤 면에서 부족한 사람을 평가하는 것은 내가 그 평가의 대상에서 제외되고 그 이상이 되어 있다는 것을 알리고 싶어 하는 마음입니다. 내 안의 어떤 결핍된 요소가 충족되지 못한 채 열등감의 또 다른 방향인 과시와 우월감의 형태로 표현되는 것입니다. 즉 무의식 가운데 내 결핍을 숨기고 과시를 통해 대리 충족하고자 하는 열망이 담겨 있다고 할 수 있습니다.

열등감을 극복한 사람은 우월감을 가졌던 대상의 수준까지 자신이 힘겹게 올라와서 이제는 내가 우월해졌으니 나보다 못한 사람에게 우월감을 가지며 살아야겠다고 생각하지도 않고 실천도 하지 않습니다. 반대로 겸손해 할 줄을 압니다. 다시 말해 열등의식은 그 자체만으로는 부정적이지만 그것을 피하지 않고 도전하고 극복해 나가면 나를 성장시키고 나를 통해 세상에 쓰임을 받도록 할 기회를 주시는 하나님의 뜻과 만나 성숙하게 됩니다. 이것은 나의 사명이 되는 동시에 하나님이 주신 은혜이고 축복입니다.

이러한 경험을 한 제가 이제는 건강과 운동이라는 한 분야에서 30년간 쌓은 경험을 통해 얻은 몇 가지 생각을 이 책을 통해 여러분과 나누고자 합니다. 제 목표는 여러분에게 몸짱 되는 비결을 알려드리려는 것이 아닙니다. 이 책을 읽는 모든 분이 영·혼·육의 건강을 통해 하나님이 주신 성경적 몸의 비전을 따라가는 삶이 되기를 기도하며 응원합니다.

2024년 9월

정주호

HOLY BODY

PART

1

건강한 몸, 하나님의 성전

01 CHAPTER | 몸을 지키는 것이 영성입니다

 지금 우리는 '외모지상주의'라는 말이 무색할 정도의 화려한 시대를 살고 있습니다. 남녀노소를 막론하고 자신의 멋진 몸매를 뽐냅니다. 식단을 관리하고 운동하는 목적이 순수한 건강에 있지 않고 몸매 자랑에 치중되어 있는 것 같습니다. 너도나도 '바디프로필'을 찍어 SNS에 공유합니다. 그러면 마치 보이는 것이 큰 자랑거리인 것처럼 많은 사람의 부러움을 받습니다. 반대로 자기 몸매에 만족스럽지 못한 사람들은 어떨까요? 모두가 그런 건 아니지만, 자기 몸을 비관하며 자괴감, 우울감, 상처감, 좌절감 등을 가지고 살아가는 사람이 많습니다. 그런 사람들 대부분이 학교나 직장, 가정, 사회에서도 잘 섞이지 못하고 정신적인 어려움을 호소합니다.

 이러한 풍조는 하나님을 믿는 사람으로서는 그리 아름다워 보이지 않습니다. 몸을 육체로만 보는 현실에서는 몸을 통해 우리가 궁극적으로 가야 할 인생의 목적이 보이지 않게 됩니다. 우리의 몸은 육체로만 형성된 것이 아닙니다. 그럼에도 그런 본질을 알지 못한 채 눈에 보이는 몸 만을 가꾸기 위해 돈과 시간을 들이고 노력한다면 나에게 몸을 선물로 주신 하나님의 깊은 사랑과 은혜를 알지 못하고 어느순간 내 몸이 하나님이 되고 우상이 되어 버립니다.

우리의 몸은 하나님이 주신 성품과 성령, 즉 마음과 영혼을 담는 성스럽고 귀중한 그릇이라는 깨달음이 있어야 합니다. 그래서 건강한 몸이 있을 때에 우리 몸 안에 살고 계신 성령님도 강건히 활동하실 수 있습니다.

몸 관리가 성전 관리

소천하시기 전까지 3년간 저에게 운동 지도를 받으시던 하용조 목사님이 어느 날 저에게 이렇게 말씀하셨습니다.

"내가 왜 이렇게 늦게 운동을 시작했을까? 몸이 성전인데 그 몸을 너무 혹사하면서 살았어. 이제 목회자들이 건강을 생각하고 살아야 해."

정말 그렇습니다. 우리의 몸은 성전(聖殿)입니다. 간혹 크리스천 중에 몸은 썩어 없어질 육체이고 이 땅에서 잠시 입고 버리는 것이라고 생각하는 사람이 있는 것 같습니다. 그래서 육적인 것은 금해야 하는 것, 죄 된 것, 불의한 것이라고만 여깁니다.

하지만 우리 몸은 하나님의 형상을 따라 만들어졌습니다. 하나님은 온 세상을 말씀으로 창조하셨지만, 유일하게 인간은 손수 흙으로 빚어 만들어 주셨습니다. 이렇게 만들어진 인간의 몸은 단순한 창조물 그 이상으로 하나님의 손길이 곳곳에 남아 있는 작품입니다. 만일 우리의 몸, 육체가 중요하지 않았다면 하나님은 우리에게 영혼만 주셨을 것입니다.

몸과 마음 그리고 영혼은 연결되어 있습니다. 몸이 건강하면 마음도 건강할 수 있고, 마음이 강건해야 몸도 강건할 수 있습니다. 몸이 아픈 사람은 정신도 마음도 함께 시름시름 앓게 됩니다. 마음에 근심이 있는 사람도 마찬가지로 몸이 점점 지치고 피곤하고 무력해집니다. 몸과 마음이 따로 떨어져 있지 않고 연결되어 있다는 것을 증명하는 아주 쉬운 예입니다. 반대로 본다면 우리의 몸은 마음을 회복시키기도 하며 마음은 지친 몸에게 새로운 의욕과 열정을 주어 일어나게 할 수도 있습니다. 그러므로, 몸은 마음의 다른 이름입니다. 몸 관리가 영성이라고 할 수 있습니다.

우리 몸은 하나님의 영, 즉 성령을 담는 그릇이기도 합니다. 하나님은 오직 인간에게만 생령을 불어넣어 주셨습니다. 즉 인간은 영적인 존재입니다. 그리고 우리 안에는 성령님이 살아 역사하십니다. 몸이 없다는 것은 하나님의 성령을 담을 그릇이 없다는 말과 같습니다. 예수님도 영과 혼으로만 이 땅에 오신 것이 아니고 몸을 가진 인간의 모습으로 오셨습니다.

이러한 귀중하고도 소중한 몸을 우리나라 기독교는 굉장히 천히 여겼습니다. 그렇다 보니 영적인 생각과 선교와 전도에는 관심이 있지만 정작 그러한 활동을 돕는 몸에 대해서 만큼은 함부로 취급합니다. 아무 때나 자고 아무것이나 먹습니다. 그러나 하나님을 믿는 사람들은 달리 생각해야 합니다. 하나님이 우리에게 폭식하고, 과로하고, 성인병에 걸리라고 몸을 주셨겠습니까? 하나님의 뜻에 따라 살고, 그분의 목적하신 대로 살기를 원하시기에 주신 것입니다. 이 땅에서 허락하신 삶 동안 최선을 다해 건강을 유지하고 그 건강한 육신에 주님의 영혼을 담아 사람들에게 복음을 전해야 합니다. 그것이 우리가 건강을 지켜야만 하는 이유입니다.

잘 먹고 잘 쉬고 운동하고

성경을 보면 청지기로서의 우리 몸을 강조하고 있는 부분이 많습니다. 이런 구절을 보더라도 우리 몸은 저마다의 소유가 아닌 하나님 소유임을 알 수 있습니다.

[19] 너희 몸은 너희가 하나님께로부터 받은 바 너희 가운데 계신 성령의 전인 줄을 알지 못하느냐 너희는 너희 자신의 것이 아니라 [20] 값

으로 산 것이 되었으니 그런즉 너희 몸으로 하나님께 영광을 돌리라
고전 6:19-20

그러므로 형제들아 내가 하나님의 모든 자비하심으로 너희를 권하노니 너희 몸을 하나님이 기뻐하시는 거룩한 산 제물로 드리라 이는 너희가 드릴 영적 예배니라 롬 12:1

우리는 거룩한 하나님의 형상인 몸을 회복해야 합니다. 우리 몸이 병들면 살아 있는 삶의 예배인 제사를 드릴 수가 없습니다. 눈에 보이는 몸에 보이지 않는 거룩한 영혼을 담아 살아 있는 삶의 예배를 드려야 합니다. 하나님의 자녀이자 예수님의 제자인 우리가 어떻게 말하고 행동하고 먹고 마시고 삶의 균형을 이루며 살아가는지를 세상 사람들이 보고 있습니다. 우리가 건강한 몸으로 예배드리며 신앙적인 삶을 드러내는 것이 예수님을 증거하는 지상명령입니다.

우리 몸을 관리하는 것은 단순히 몸매를 아름답게 가꾸는 차원의 문제가 아닙니다. 청지기로서 하나님이 주신 성전을 잘 지키고 관리하라는 아주 중대한 말씀이기도 합니다. 우리의 몸은 우리의 것이 아닙니다. 내 몸이 내 것 같고 내 삶이 나의 것 같다면 바른 신앙인의 참된 생각이 아닙니다. 내 몸이니 내가 먹고 싶은 것이 있다면 과식과 폭식을 해도 되고, 내 삶이 내 것이니 아무렇게나 게으름을 피워도 된다고 생각한다면 이 또한 올바른 믿음에서

나오는 성품일 수가 없습니다.

어떤 사람이 좋은 믿음의 사람일까요? 예배 참석을 잘하고 성경 말씀을 잘 외우고 찬양을 잘 부르는 사람일까요? 그렇지 않습니다. 하나님의 마음을 품고 말하고 행동하는 사람입니다.

> 그런즉 너희가 먹든지 마시든지 무엇을 하든지 다 하나님의 영광을 위하여 하라 고전 10:36

사도 바울은 우리가 예배하든지 기도하든지 찬양하든지가 아닌 먹든지 마시든지 운동하든지 자든지 공부하든지 일하든지 무엇을 하든지 이 모든 것을 다 하나님의 영광을 위해서 하라고 선포합니다. 주일 하루 참석하는 예배 활동이 아닌 세상 가운데에서 우리가 보고 듣고 먹고 느끼고 말하고 행동하는 삶의 모든 행위를 통해 하나님이 영광 받으신다는 것을 뚜렷하게 알려 줍니다. 그래서 궁극적으로 우리는 나에게 처한 삶의 모든 상황에서 매 시간, 매 분, 매 초마다 '예수님이라면 이런 상황에 어떻게 하실까?' 하는 물음과 성령님에게 간구하는 가운데 주시는 지혜를 통해 실천하고 살아가야 합니다. 나의 기준보다 하나님의 기준을 먼저 생각하는 사람입니다. 그런 사람은 자신의 것을 먼저 주장하지 않습니다. 내 몸이 내 것이 아니고 하나님의 것이기 때문에 육신의 욕심을 내려놓을 수가 있습니다.

저에게 건강한 신앙과 건강한 몸을 위한 세 가지를 꼽으라면 말씀, 기도, 실천과 영양, 수면, 운동이라고 얘기할 것입니다. 가만히 보면 두 부분은 상통하는 면이 많습니다.

먼저 영양입니다. 우리는 성경을 '생명의 말씀'이라고 하고 '일용할 생명의 양식'이라고도 하며 이 말씀을 읽고 묵상하는 일을 '말씀을 먹는다'라고 표현합니다. 말씀을 먹으면 영혼의 생명이 살아납니다. 마찬가지로 몸에 좋은 영양소를 먹는 것은 우리의 몸에 생명을 불어넣는 일입니다.

> 하나님이 이르시되 내가 온 지면의 씨 맺는 모든 채소와 씨 가진 열매 맺는 모든 나무를 너희에게 주노니 너희의 먹을 거리가 되리라 창 1:29
> 모든 산 동물은 너희의 먹을 것이 될지라 채소 같이 내가 이것을 다 너희에게 주노라 창 9:3

만약에 영양이 과하거나 부족해지면 우리 몸에는 문제가 발생합니다. 우리는 주기도문을 외울 때 '일용할 양식'을 구합니다. 여기서 일용할 양식은 하루 먹을 양식입니다. 이것은 곧 오늘 하루를 살아갈 생명을 구하는 것입니다. 일용할 양식을 구하는 겸손함이 있을 때 우리는 오늘 하루를 살아가게 하시는 하나님께 감사할 수 있습니다. 그런데 오늘 먹고도 남을, 내일도 먹을 수 있는 분량의 음식을 저장하듯 몸에 쌓아 넣는 것은 식탐이며 과욕입니다.

우리가 먹는 음식을 나의 만족과 즐거움을 위해서만 음식을 배불리 채우는 것인지 아니면 나의 채움으로 많은 사람에게 유익을 주고자 하는 것인지를 알아야 합니다. 음식 자체는 부정하지 않습니다. 죄가 없습니다. 하지만 그 음식을 바라보고 먹는 사람의 마음에 식탐이 있다면 이마저도 탐욕이 됩니다. 물질욕, 명예욕과 다를 것이 없습니다. 또한, 음식을 과하게 섭취하면 건강을 해칠뿐더러 체지방이 늘어납니다. 따라서 오늘도 생명을 주시는 하나님께 감사하며, 적절한 양과 영양소의 주어진 분량만큼만 감사히 먹는 절제의 습관을 들이도록 노력해야 합니다.

우리가 육의 양식만을 먹고 하나님의 말씀을 먹지 않으면 몸은 살되 영혼이 점점 죽어 가는 삶을 살아가는 것이고 반대로 하나님의 말씀만 먹고 육의 양식을 먹지 않으면 영혼을 담고 살아갈 우리 몸이 죽습니다. 그러니 육의 양식, 영의 양식을 고루 섭취해야 몸도 살고 영도 살아납니다.

또한, 충분한 수면을 통해서 쉼을 가져야 합니다. 인간의 몸은 하루 일과를 다 마치면 충분한 수면을 통해 피로를 풀고 회복하는 시간이 필요합니다. 이것은 우리가 건강한 신앙을 위해 행하는 기도 또는 묵상과도 같습니다. 우리는 기도와 묵상을 통해 어지럽고 혼란한 세상에서 잠시 떨어져서 예수님과의 시간을 갖습니다. 기도와 묵상은 영적으로 힘을 얻고 회복하는 중요한 시간입니다. 신앙생활에 이런 시간이 없으면 지칠 수밖에 없습니다. 종종 교회에서 열심히 봉사하고 헌신하다가도 어느날 자취를 감추는 사람을 많이 보았습니다. 가만히 보면 개인적으로 예수님과 독대하는 시간을 갖지 않았기 때문입니다. 예수님과 독대하는 것은 세상 사람들 모두가 같은 시간에 일어나서 분주하게 일하고 움직이고 소통하고 만나는 시간에는 하기가 쉽지 않습니다. 그래서 남들보다 조금이라도 일찍 자고 일찍 일어나서 고요한 새벽 시간에 나 홀로 성경을 펴고 말씀을 읽고 그 말씀 안에서 기도와 묵상을 하며 예수님과 독대하는 시간을 만들어야 합니다. 이런 이유로 크리스천은 게으르지 말아야 하며 늦게 자고 늦게 일어나는 습관에서 벗어나야 합니다.

9 게으른 자여 네가 어느 때까지 누워 있겠느냐 네가 어느 때에 잠이 깨어 일어나겠느냐 10 좀더 자자, 좀더 졸자, 손을 모으고 좀더 누워 있자 하면 11 네 빈궁이 강도 같이 오며 네 곤핍이 군사 같이 이르리라 잠 6:9-11

하나님이 모두에게 공평하게 주신 하루 24시간을 무의미하게 보내서는 안 됩니다. 시간을 의미 있게, 가치 있게, 부지런하게, 그리고 하나님이 보시기에 성실하게 살아가야 합니다.

그럼에도 불구하고 밤에 잠을 자지 못한다는 것은 세상 근심과 걱정에서 오는 것이고 그러한 스트레스는 사람의 능력으로는 해결할 수가 없습니다(마 6:34). 오직 하나님이 주시는 은혜와 감동이 있어야 합니다. 그래서 나의 근심과 걱정과 염려와 불안한 모든 것을 하나님께 믿고 맡기고 의지하는 사람이 되어야 합니다. 그런 사람은 밤이 되어 잘 시간이 되면 세상 모르고 잠을 청할 수 있습니다(시 127:2). 그러므로 우리는 깨어 있는 시간 동안 열심히 활동하고, 밤이 되면 충분히 자야 합니다. 그래야 다음 날 주님이 주시는 새 힘으로 새날을 시작할 수 있습니다.

내가 평안히 눕고 자기도 하리니 나를 안전히 살게 하시는 이는 오직 여호와이시니이다 시 4:8

마지막으로 운동입니다. 몸에 좋은 음식을 적당히 먹고 충분히 잠을 자도 운동하지 않으면 몸이 쉽게 피로해집니다. 나이가 들어감에 따라 지방이 늘고 근육은 금세 줄어들어 건강과 활력을 잃기 쉽습니다. 따라서 건강한 생활을 위해서는 운동이 필수입니다. 그럼에도 나는 이제 나이가 들어서 운동을 해도 효과도 없으니 안 한다고 하는 중년과 노년의 분들을 많이 봅니다. 운동을 하면서 자신의 몸을 조금이라도 더 건강하게 유지하려는 행위는 시간 낭비거나 사치스러운 활동이 아닙니다. 마치 성경을 읽는 것은 경건한 영적 활동이지만 신체운동을 하는 것은 육신의 활동이라고 생각하는 것과 다를 바가 없습니다. 이것은 올바른 신앙관이 아닙니다.

우리는 육체의 훈련을 통해 단순히 몸의 건강만이 아닌 규칙적이고도 정결한 삶을 유지할 수 있는 훈련을 하게 됩니다(딤전 4:8). 우리는 운동을 '24시간 스포츠'라고도 말합니다. 건강한 몸을 만들고 유지하기 위해서 운동하고 필요한 영양소를 섭취하고 충분히 수면하는 규칙적인 생활을 훈련해야 하기 때문입니다. 육체의 본능을 이기는 훈련은 하루아침에 이루어지지 않습니다. 끊임없는 자기 인내와 실천과 노력이 필요합니다. 육체의 훈련을 통해 24시간 내내 경건한 생활 신앙인으로 살아갈 수 있는 가장 기초적인 영적 훈련을 하는 것입니다. 자신의 몸을 아끼고 사랑하고 하나님이 나에게 주신 생명을 더 고귀하게 여기는 것입니다. 성전을 관리하는 청지기가 되어 내 몸을 관리하는 것입니다. 에베소서에서도 같은 맥락의 표현을 하고 있습니다(5:29). 이것은 우리가 말씀과 기도를 열심히 드리면서 또 그 말씀을 삶으로 실천하는 것과 같습니다.

삶의 실천이 없는 신앙은 건강한 신앙인의 모습이 아닙니다. 땅 끝까지 복음을 전하라는 성경의 말씀처럼 먼저 믿은 자 된 우리는 믿지 않는 사람들에게 달려가야 합니다. 이것이 영·혼·육이 건강한 성전을 가진 제자 된 사람이 지켜야 할 삶의 모습입니다.

> 사랑하는 자여 네 영혼이 잘됨 같이 네가 범사에 잘되고 강건하기를 내가 간구하노라 요삼 1:2

우리 몸의 주인은 하나님

요즘은 건강 관리를 안 하는 사람이 없다고들 합니다. 너도나도 식단을 조절하고 운동도 열심히 합니다. 그러나 크리스천이 관리하는 이유는 세상 사람과 달라야 합니다. 크리스천은 하나님이 주신 몸이라는 성전을 관리하기 위해 식단을 조절하고 부지런히 운동해야 합니다. 그렇다면 건강하게 만들어진 몸을 통해 우리가 무엇을 해야 할까요? 무엇을 위해 건강한 몸을 만들어야 하는 걸까요?

당연히 선교하고 복음을 전하는 일에 쓰임받아야 합니다. 우리 몸이 바로 선교의 도구이기 때문입니다. 우리 몸은 하나님이 100년도 안 되는 시간 동안 이 세상에서 잘 사용하라고 잠시 빌려주신 것입니다. 그러한 육신의 옷을 입었으니 우리는 그 육신이 건강하도록 노력해야 합니다. 우리는 육신의 청지기로서 세상에 하나님을 전하고 살아갈 힘을 얻기 위해 건강을 지켜야 하는 것입니다. 하나님을 전하는 일이 운동하는 목적이 되어야 합니다.

> **누구든지 하나님의 성전을 더럽히면 하나님이 그 사람을 멸하시리라 하나님의 성전은 거룩하니 너희도 그러하니라** 고전 3:17

내 몸을 내 것으로 생각하면 몸을 해치는 음식도 마음대로 먹게 되고, 함부로 행동할 수 있습니다. 그러나 내 삶과 몸의 주인이 하나님인 것을 믿고 깨닫고 산다면 본능에 충실해서 먹고 자고 일어나는 생활이 아니라 절제하고 최선을 다하는 삶을 살 수 있습니다. 모든 관점이 하나님을 중심으로 변화되는 것입니다. 그럴 때 우리는 아침에 일어나서 새 삶을 허락하신 하나님을 기뻐하고 감사하게 됩니다. 식사할 때마다 생명을 이어 가게 하시는 하나님께 감사하게 됩니다. 내가 숨 쉬고 살아가는 것, 그리고 몸과 마음의 균형을 잡고 건강하게 살아갈 수 있는 것 또한 하나님의 은혜이고 축복임을 배우게 됩니다.

건강한 신앙인은 몸과 마음과 영혼까지 균형 있게 강건한 사람입니다. 육의 몸을 관리하면서 동시에 영의 몸도 관리해야 합니다. 다시 말하면 건강의 목적은 단순한 몸의 행복이 아닌 마음의 강건을 유지시켜 주는 동시에 영적으로 하나님을 찾아가는 인생의 목적, 신앙의 목적이 되어야 합니다. 하나님이 우리에게 주신 영·혼·육의 성전이 무너지지 않게 잘 관리하고 더욱더 견고히 세워 가야 합니다.

02 CHAPTER 식탐이라는 탐욕에서 벗어나세요

왜 유혹을 이야기할 때 씁쓸하거나 맵다고 안 하고 달콤하다고 할까요? 우리는 달콤한 음식을 보면 마음이 약해져 쉽게 입에 넣게 되지만, 정작 달콤한 음식은 몸에는 좋지 않습니다. 그래선지 유혹이란 단어와 잘 어울립니다.

그에 반해 쓰고 맛없는 음식 중에 우리 몸에 좋은 음식이 많습니다. 그래서 "좋은 약은 입에 쓰다"는 속담도 있습니다. 하나님은 왜 몸에 좋은 음식을 몸에 좋지 않은 음식보다 맛있게 만들어 주지 않으셨을까요? 세상에 맛있는 음식이 다 몸에 좋고 맛없는 음식이 몸에 나빴다면 아마 우리는 본능적으로 좋은 음식을 먹으면서 건강할 수 있었을 텐데 말이지요.

그런데 이런 생각을 하다 보면 어렴풋이나마 하나님의 뜻을 엿보게 됩니다. 어쩌면 하나님은 우리가 본능적으로 살아가기보다는 조금 힘들고 고되더라도 하나님의 뜻을 따라 살기를 원하신다는 사실을 음식을 섭취하면서도 깨닫게 하시는 것 아닐까요? 만약에 몸에 좋은 음식이 너무나 달콤하기까지 하다면 우리에게는 인내와 수고와 절제의 가치가 없어질 것입니다.

나태함과 게으름, 육체의 쾌락을 따르라는 유혹에 우리는 쉽게 노출됩니다. 쓰디쓴 현실에서 달콤함을 찾는 것입니다. 이것은 마치 선악과와 같고, 마약과 같습니다. 거기에는 자유도, 기쁨도, 행복도 없습니다. 무절제한 식생활을 통해서도 얼마든지 건강할 수 있었다면 우리는 몸에 좋은 것을 얻기 위해 노력하지도, 땀 흘리지도 않았을 것입니다. 그러므로 악함은 노력하지 않아도 본능적으로 손이 가는 것이고 선함은 항상 본능과 싸워 이겨야 하는 분별과 의지에 있음을 음식으로도 알려 주시는 하나님의 지혜를 깨닫게 됩니다.

제대로 알아야 제대로 먹습니다

몸의 균형적인 건강을 이루기 위한 세 가지 환경 조건은 잘 먹느냐, 잘 자느냐, 잘 활동하느냐와 직결됩니다. 이 세 가지 요소만 적절하게 잘 관리해 주면 신체적 건강을 유지하는 데 아주 효과적입니다. 최근에는 마음의 상처나 우울증으로 인한 스트레스라는 요소가 더해져서 네 가지 요소가 충족되었을 때에 사람의 정신과 몸이 건강할 수 있다고 합니다. 결론적으로 아침에 일어나서 밤에 잠드는 시간까지의 씻고 먹고 사람을 만나고 공부하고 일하는 모든 일상의 환경에서 어떻게 내가 반응하고 결정하는지에 따라서 내 건강이 좌우된다고 볼 수 있습니다.

건강을 유지하는 데에는 정확한 관련 지식과 함께 이를 실천 할 수 있도록 스스로를 돕는 지혜가 필요합니다. 마치 성경을 읽은 후에 지식을 채우는 데에서 끝내는 것이 아니라 그 읽은 내용을 통해 하나님이 주시는 말씀의 깊은 의미를 되새기며 얻은 지혜를 삶의 신앙으로 실천하며 하루하루를 살아가는 것과 일맥상통합니다.

그렇다면 오늘 내가 무엇을 먹을지를 생각하고 결정할 수 있습니다. 건강을 위해 어떤 식생활을 유지하겠습니까? 어떤 분들은 "성경에서 바울이 고기를 먹지 말라고 했습니다" 하면서 오로지 채식만 합니다. 아마도 "만일 음식이 내 형제를 실족하게 한다면 나는 영원히 고기를 먹지 아니하여 내 형제를 실족하지 않게 하리라"(고전 8:13)라는 말씀 때문에 그렇게 말하는 것 같은데, 실은 이것은 말씀을 제대로 이해하지 못한 경우입니다. 영어 성경에는 '채식'을 '채소(vagetable)'가 아닌 '음식(food)'으로 표현했습니다. 그리고 이 구절에서 사도 바울이 말한 고기는 우상에게 바치는 제물로 쓰였다가 나중에 시중에 유통된 것들을 말합니다. 때문에 성도들 사이에서는 이 고기를 먹어야 하는가 안 먹어야 하는가로 의견이 충돌했습니다. 하지만 사도 바울에게 중요한 것은 고기를 먹든지 채식을 하든지가 아니었습니다. 오직 성도들간의 믿음과 사랑이라는 본질에 집중했습니다. 그래서 "누군가를 실족시키지 않고 믿음으로 먹으면 된다. 하지만, 누군가가 내가 먹는 것 때문에 실족할 것 같으면 먹지 않도록 하자"라는 의미로 말한 것입니다. 내가 먹는 과식과 폭식과 야식으로 인해 내 주변 사람들이 안타까운 시선과 마음을 보내고 있다면 과연 나는 어떻게 해야 할지를 생각하게 만드는 구절입니다. 그래서 채소든 밥이든 고기든 하나님을 믿는 믿음으로 감사하게 나의 분량에 맞는 적정량을 먹을 수 있어야 합니다.

그러나 몸의 필수 영양소인 단백질을 함유하고 있는 고기를 전혀 섭취하지 않은 채로 시간이 지나면 근육이 줄고 근력과 체력이 떨어집니다. 심할 경우 면역력에도 이상이 생기고 건강마저 잃게 됩니다. 금식기도와 같이 하나님과의 사이에서 약속하는 특별한 상황을 제외한다면 하나님이 창조하신 세상의 모든 음식은 사람에게 생명을 유지하고 연장시켜 주는 고마운 일을 하고 있습니다. 그런데도 종교적인 이유로 편식과 단식을 하는 것은 영혼을 담고 있는 성전의 건강이 염려되는 일입니다. 복음서를 가만히 읽어 보면 예수님은 식성이 좋으셨던 것 같습니다. 여기저기 사람들의 집에 머물면서 그들이 정성껏 내어준 음식을 편식하지 않고 기쁜 마음으로 맛있게 드셨습니다. 하나님이 주신 모든 음식은 정결합니다.

어떤 사람들은 체중 감량을 위해서 음식을 제한합니다. 운동을 하지 않고 음식만 제한하면 단기간에 체중이 주는 것처럼 보이지만, 그 기간이 길어질수록 지방은 감소하지 않고 오히려 근육이 점점 더 줄어듭니다. 그러면 체력과 면역력이 현저하게 떨어지고 결국 건강에 이상이 생길 수 있습니다. 게다가 다시 예전과 같은 식생활로 돌아왔을 때 오히려 호르몬과 소화 체계에 이상이 생기면서 체중이 이전보다 급격하게 불어날 수 있습니다.

반대로 어떤 사람은 하나님이 주신 축복을 알지 못한 채 무조건 배불리 음식을 채워 넣으려고 합니다. 마음의 허기와 육신의 허기를 구분하지 못하고 공허한 삶의 욕구를 채우듯이 음식을 먹습니다. 맛집 찾아가는 것을 인생 최고의 가치로 여기면서 소위 '먹방'을 찍듯 음식을 채우는 것을 삶의 큰 만족으로 여깁니다.

미각은 분명 인간이 느끼는 오감 중 하나입니다. 이 미각을 통해 행복을 느낄 수 있는 것도 사실입니다. 이것을 반박하려는 것이 아닙니다. 하지만 정도를 넘어서서 하루의 분량이 아닌 2~3일치 열량의 음식을 한자리에서 먹어 치우는 것은 좋은 방법이 아닙니다. 사람에게는 각자마다 고유한 기초대사량이 있습니다. 하루 동안 생명을 유지하고 활동하는 데 사용하는 총 열량입니다. 우리는 이 기초대사량 만큼의 음식을 섭취하는 것이 좋습니다. 그래야 살도 찌지 않고 에너지 대사를 통한 건강한 몸을 유지할 수 있습니다. 그런데 만약 기초대사량보다 많은 열량의 음식을 매일같이 먹는다면 어떻게 될까요?

하루 기초대사량이 1,500kcal 정도의 사람이 있다고 해 봅시다. 그런데 아침에는 라면(약 600kcal)을 먹고, 점심에는 자장면(약 800kcal), 저녁에는 햄버거와 감자튀김, 콜라(약 1,500kcal)를 먹으면 어떻게 될까요? 하루동안 총 2,900kcal의 음식을 섭취했고, 여기에서 기초대사량을 빼고 나면 잉여 열량이 약 1,400kcal나 됩니다. 이렇게 남은 잉여 열량은 몸에 체지방으로 저장되거나 혈관이나 장기에 남아 각종 성인병을 일으키는 요인이 됩니다. 해결 방법은 운동을 통해 이 1,400kcal를 소모시키는 것입니다. 그런데 이것은 그리 간단한 문제가 아닙니다. 정상 체중의 성인이 트레드밀에서 1시간을 빠르게 걸으면 약 300kcal가 소모됩니다. 1,400kcal의 열량을 소모시키려면 5시간 동안 빠르게 걷기를 해야 합니다. 이게 과연 쉬운 일일까요?

구체적이고도 현실적인 과정을 생각하지 않은 목표는 현실 불가능하며, 중도 포기라는 결과를 가져올 수밖에 없습니다. 그럴 때 우리에게는 스트레스를 비롯해서 좌절감만 커집니다. 그래서 자신의 신체 컨디션과 현재 환경에 맞는 현실적인 목표를 세우는 것이 즐겁게 운동하고 목표를 이룰 수 있는 현명하고도 효과적인 방법입니다.

식탐도 탐심입니다

많이 먹는 것이 죄가 아닌 것 같지만 식탐도 탐심입니다. 탐심은 욕심이고 탐욕이며 죄입니다. 출애굽기에 보면 이스라엘 백성이 광야생활을 할 때 하나님은 날마다 먹을 만큼의 만나를 내려 주셨습니다. 그런데 그중에 어떤 사람이 식탐을 부려 오늘 다 먹지 못할 양을 가져갔습니다. 결국 남은 음식을 내일 먹으려고 챙겨 두었는데 다음 날 아침이 되니 다 썩고 벌레가 생겨 먹을 수 없게 되었습니다.

> …보라 내가 너희를 위하여 하늘에서 양식을 비 같이 내리리니 백성이 나가서 일용할 것을 날마다 거둘 것이라… 출 16:4

같은 맥락으로, 우리는 주기도문을 통해 "우리에게 날마다 일용할 양식을 주옵시고"라고 고백합니다. 일용할 양식이란 하루치 필요한 음식입니다. 즉 신앙인이라면 그날그날 하나님이 주시는 하루치의 생명으로 살아가야 한다는 말입니다. 더불어 다음날도 하나님이 주시는 새로운 양식을 기대해야 한다는 말입니다.

내 몸은 다음날을 실기 위한 서장 창고가 아닙니다. 오늘의 생명을 유지하기 위한 정도의 음식을 먹으면 족합니다. 만약 며칠 동안 먹어도 될 정도의 많은 음식을 섭취하고 있다면 그것은 성경적이지도 않고, 몸에 이롭지도 않습니다. 이렇듯 신앙인은 굳이 먹지도 못할 것까지 욕심을 부리면서 식탐을 부리는 것을 경계해야 합니다. 낮 동안은 활동할 만큼의 음식을 섭취하고, 저녁이 되면 어느 정도 배고픔을 남겨 두고 자야 합니다. 이런 생활 습관이 성경적으로도 건강한 삶의 모습입니다.

하나님은 우리가 먼저 내 안에 있는 모든 정욕과 탐심을 비우고 기다릴 때에 하나님의 마음 즉, 성령님을 나에게 채워 주십니다. 마찬가지로 아침에 일어나자마자, 또는 점심이나 저녁 식사 때가 되어 배가 고파 오기 시작하면 생명을 연장시켜 주시는 하나님의 놀라운 사랑에 감사하며 식사 기도를 할 수 있습니다. 우리가 하는 식사 전에 하는 기도는 생명을 우리에게 부여해 주시고 살리시는 하나님의 사랑과 은혜에 감사를 고백하는 경건한 시간입니다.

영적인 양식도 이와 다르지 않습니다. 우리가 성경을 읽는다고 하지만, 다른 한편으로는 '말씀을 먹는다'라고도 합니다. '어떻게 성경을 먹고 말씀을 음식처럼 먹는다는 말인가?' 할 수도 있지만 가만히 생각해 보면 정말 맞는 말입니다. 성경 말씀은 하나님의 말씀이자 생명의 양식이며 그런 생명의 말씀은 우리가 날마다 살아가며 영적인 힘을 내는 일용할 영적인 음식입니다. 그래서 자칫하면 교회를 습관적으로 다니면서도 영적 말씀은 먹지 않아 영적인 기아 상태로 오로지 육신으로만 살아갈 수도 있습니다. 마치 체중 감량을 하겠다고 이것저것 너무 가려가며 먹느라 면역력도 근력도 다 떨어져 있는 사람과 같습니다.

그래서 성경의 말씀을 먹어야 합니다. 하지만 이것을 올바로 이해하지 못하면 거꾸로 영적 말씀을 지식으로만 여기며 무분별하고 과하게 먹어 영적 비만 상태가 되기도 합니다. 이러한 영적 기아 또는 비만의 상태가 되지 않도록 오늘부터 관리해야 함을 잊지 말아야 합니다. 우리가 흔히 삼시세끼를 먹어야 육체가 힘을 내고 건강하게 살아갈 수 있다고 하는데, 영적인 말씀도 삼시세끼 먹는 습관을 가져 보는 것도 좋을 것 같습니다.

03 CHAPTER | 몸도 마음도 근육이 답입니다

운동을 배우면서 재미있는 질문을 하는 사람들이 있습니다. 근육에 고통이 생기기 시작하는 중반부쯤 자조하는 듯한 목소리로 "이렇게 힘든 운동을 돈을 내면서까지 해야 하는 이유가 뭘까요? 내 돈 내고 내가 고생하다니…" 하는 것입니다. 맞는 말입니다. 이 고통이 노동에 따른 것이라면 돈이라도 번다 생각하며 위로를 얻지만, 운동은 내 돈을 내고 스스로 해야 합니다.

어떤 사람은 또 그럽니다. "왜 굳이 몸이 힘든 운동을 하면서 몸이 좋아지도록 해야 하는 겁니까?" "왜 매번 운동은 할 때마다 힘이 드나요?" 하고 묻습니다. "차라리 시작하지 말걸" 하고 후회 섞어 푸념하는 사람도 있습니다. 또 어떤 사람은 "노동도 운동도 똑같이 몸을 쓰는 일인데, 가사활동도 운동이 되는 것 아닌가요?" 합니다.

노동과 운동의 공통점은 둘 다 힘이 든다는 것이고, 차이점은 하나는 몸을 상하게 하고 하나는 몸을 살리게 한다는 것입니다. 노동이 몸을 상하게 하는 이유는 몸 전체의 균형적인 움직임이 아닌 어떠한 작업에 중점을 두고 몸의 일부를 반복적으로 사용하기 때문입니다. 반면에, 운동은 균형을 잃지 않는 바른 자세로 근육과 정상 체지방 등 건강에 초점을 두고 몸을 구석구석 청소하듯이 움직여 주어 쌓인 노폐물을 몸 바깥으로 나가게 합니다. 또 근력의 발달을 통해 체력을 상승시켜 주는 동시에 면역력의 균형까지도 유지시켜 줍니다. 다시 말하자면 운동은 근력, 체력, 면역의 다른 이름입니다. 그러니 노동은 노동이고 운동은 운동입니다. 가사 '노동'이지 가사 '운동'이 아닌 이유입니다.

근육은 움직일수록 더 활성화되고 이전보다 강해집니다. 그래서 운동을 하다 보면 시간이 지나면서 근력이 생기고 힘이 늘어납니다. 여기서도 비울 때 채우시는 하나님의 섭리가 발견됩니다. 내 물질을 어려운 사람을 위해 사용하면 내 살길을 채워 주시는 하나님과 일맥상통합니다. 비우지 않으면 채울 수가 없습니다. 늘 채워 놓은 상태로 지내면 맑은 물도 썩기 마련입니다. 우리는 운동을 통해 비울 때 채워 주시는 하나님의 놀라우신 섭리를 날마다 체험하고 살 수 있습니다. 우리가 힘을 쏟아 운동할 때 새 힘으로 채워 주시는 것입니다. 이것이 날마다 우리에게 주시는 간증이 되어야 합니다.

왜 운동해야 하는가-삼위일체 건강론

체중 감량을 계획하는 사람들이 흔히 하는 질문이 있습니다. 식단과 운동 중 무엇이 더 중요한가 하는 것입니다. 가장 지혜로운 방법은 음식을 절제하되 운동을 병행하면서 체중 감량과 근력 향상의 시너지를 만드는 것입니다. 위를 음식으로 채웠다면 기초대사량에 근거하여 그만큼의 열량을 신체 활동으로 비우는 지혜가 필요합니다. 음식으로 가득 채워진 위가 소화할 시간도, 에너지로 대사할 시간도 주지 않고 또 음식을 채우고 채우는 것은 자기절제와 욕구불만 등에서 오는 잘못된 삶의 습관입니다. 결국 식단과 운동 두 가지가 균형 있게 중요합니다.

사실 '몸의 무게'보다 중요한 것은 '몸의 모양'이며, 지방의 양보다 더 중요한 것은 바로 '근육의 양'입니다. 그래서 체중 감량을 계획했다면 운동은 반드시 할 것을 권합니다. 무작정 운동하기보다는 운동을 '왜' 해야 하는지를 정확히 이해하고 깨닫는 것이 더욱 중요하고, 여기에서부디 시작해야 합니다. 몸과 마음이 건강해지고 영혼까지 풍요로워져야 영·혼·육 삼박자의 탄탄하고 균형 있는 강건을 누릴 수 있습니다. 이것이 바로 완전한 영·혼·육이 하나가 되는 '삼위일체 건강' 원리입니다.

하나님은 인간을 하나님의 형상대로 창조하셨습니다. 하나님의 전인적인 성품인 '영'과 지성, 감성, 의지의 '혼'과 우리의 몸인 '육'은 각자 분리해서 생각할 수 없습니다. 그래서 영·혼·육 세 가지 중 하나만 병이 들어도 건강의 전체 균형이 깨지기 쉽습니다. 몸이 아프면 마음도 따라서 근심과 걱정에 빠지고 급기야 우울증과 같은 질병으로 이어집니다. 반대로 마음의 고민과 걱정이 몸으로까지 퍼져 시름시름 앓는 분들도 수없이 목격했습니다. 이러한 이유로 몸의 건강은 마음의 건강과 연관이 있으며 마음의 건강 또한 영혼의 강건과 밀접한 관련이 있다는 것을 알게 되었습니다.

몸과 마음과 영혼은 따로 분리되어 있지 않습니다. 서로 긴밀하게 연결되어 끊임없이 영향을 주고받습니다. 이 세상을 살아가는 동안 늘 함께 공존하며 서로가 서로를 의지합니다. 하나가 약해질 때는 다른 둘이 하나를 끌어 주는 견인차와 같은 역할을 합니다. 영이 힘들면 혼과 육으로 나서서 영을 도울 수 있습니다. 육이 힘들 때는 영과 혼이 합심해서 육을 일으키기도 합니다. 혼이 힘들면 영과 육이 힘을 합쳐서 혼을 깨우며 돕습니다. 이런 이치를 깨닫는다면 어떤 상황에서도 두려워하지 않고 나의 영·혼·육을 어두운 수렁에서 건져 낼 수 있습니다. 그런 이유로 몸은 항상 깨어 건강하게 유지하여 언제라도 영과 혼이 도움을 청할 때 달려 나가서 도와 줄 준비를 하고 있어야 합니다.

혹시 영혼이 메말라 가는 것 같아 힘듭니까? 그 원인은 단순히 영적인 것만이 아닐 수 있습니다. 물론 영의 회복을 위해 기도해야겠지만, 그것과 더불어 내 생각과 육체의 상태를 살펴볼 필요가 있습니다. 혹시 불균형한 생활 습관을 유지하고 있지는 않습니까?

식생활이나 수면의 질에 문제가 있을 수도 있습니다. 의외로 영적인 침체가 균형 잡힌 운동으로 해결되기도 합니다. 그리고 생각이나 마음도 환기시켜 준다면 더 빠르고 효과적인 영·혼·육의 건강을 회복할 수 있습니다.

나의 체력을 알고 현재의 체력 수준에서 운동을 시작하고 몸의 근육을 만드는 것처럼, 마음의 운동으로 내면의 근육을 키우는 것도 중요합니다. 마음의 운동도 내가 누구인지, 내가 왜 나인지를 아는 데서부터 시작합니다. 내 정체성을 알고 가치관을 형성하는 마음의 운동으로 내면의 근육을 키우다 보면 몸은 물론 마음도 스스로 조절하고 절제할 수 있게 되며 오랜 습관처럼 고질이 된 문제들도 하나 둘 자연스럽게 해결해 나갈 수 있게 됩니다. 이렇게 내가 바뀌면 나를 둘러싼 모든 것이 서서히 바뀌어 가고 변화하기 시작합니다. 내가 먼저 변해야 내 주변이 변할 수 있습니다.

만약, 우리 집의 분위기가 항상 밝고 활기가 넘치기를 바란다면 나부터 그렇게 바뀌어야 합니다. 내가 선강하고 활력을 찾으면 부모님도 바뀌고 배우자도 바뀌고 자녀도 바뀝니다. 우리 회사가 패기가 넘치고 긍정적인 사람들로 가득하길 바란다면 나부터 바뀌어야 합니다.

늦은 타이밍이라는 것은 없습니다. 지금부터라도 삶의 습관과 원칙을 바꾸어 내 몸에 변화를 준다면 내 인생의 변화까지도 기대할 수 있습니다. 그리고 내 변화된 몸과 가치관, 삶이 사랑하는 가족과 친구, 동료의 인생 변화에 기여할 수 있습니다. 지금부터라도 건강을 위해 하루 5분이라도 상체, 하체, 복부로 이어지는 전신체조를 한다면 운동으로 몸의 활력과 생기를 얻을 수 있습니다. 그 변화의 첫 발을 지금 당장 내딛기를 권합니다.

덤벨 하나에 인생의 무게를 담아

실패한 인생을 살고 싶은 사람은 없습니다. 그런데 어떤 사람들은 한 번 실수한 것을 놓고 마치 인생 전체를 실패한 것 같은 절망을 맛보기도 합니다. 청소년기에 학습 부진으로 원하던 대학 입시에서 낙방하면 입학에 실패했다고 하지 실수했다고 하지 않습니다. 나이가 들어서 직장에서 좋은 성과를 내지 못하거나 해고를 당하는 일, 또는 사업 부진으로 큰 손실을 입고 부도가 나는 등의 일은 실수가 아니라 실패라고 합니다. 남이 보기에는 실수라고 말해도 충분한 일들을 실패라고 칭하며 자기 스스로 실패자로 낙인찍어 버립니다. 그리고 그런 인생의 실패들은 우리 마음을 무너지게 하고 절망을 가져오며 우울하게 살도록 합니다. 이러한 실패에 대한 마음가짐이 연약해진 상태를 이겨 내는 데에는 운동만 한 것도 없습니다.

제가 처음 헬스장에 발을 디딘 것은 중학교 2학년 즈음이었습니다. 당시에는 헬스장에서 중학생은 눈을 씻고 보아도 없었습니다. 근육으로 덩치가 커다란 어른들 사이에서 숨죽이며 구석에 쪼그리고 앉아서 구경만 하던 저는 어른들이 운동을 마치고 센터를 나가서 아무도 없을 때를 노렸습니다. 마치 신기한 물건을 처음 만지는 아이처럼 이 운동기계 저 운동기계를 만져 보고, 가느다란 팔로 덤벨을 간신히 들어 보고, 아까 어른들이 했던 동작을 흉내 내어 보았던 기억이 있습니다.

그 헬스장에서 지도하던 트레이너 한 명이 그런 저를 보고 다가와서 말했습니다. "내가 트레이너를 오래 해서 아는데 너 같은 몸은 아무리 운동을 해도 좋아질 수가 없어. 운동을 해도 소용 없는데 굳이 왜 운동을 하는지 모르겠구나." 수십 년이 지난 지금도 이 말은 제 머릿속에서 떠나지 않고 남아 있습니다. 처음 몇 년은 그 말에 좌절해 있었지만, 나중에는 오히려 제 삶을 지탱하는 데 도움이 되었습니다. 그 말이 약이 되어 오히려 저를 더 자극하고 한계를 뛰어넘도록 도왔습니다.

처음에 덤벨을 들 때는 3kg만 가지고도 열 번을 채 들어 올리지 못했습니다. 그런데 며칠 후에 5kg 덤벨을 열 번 들어 올렸습니다. 나중에 8kg에 도전했다가 불과 세 번도 못 들고 실패했지만 꾸준히 훈련하고 몇 주가 지나자 열 번을 들 수 있었고, 10kg 덤벨에도 도전하게 되었습니다. 운동을 통해서 작은 실패와 성공의 반복을 경험하면서 저는 점점 실패의 두려움을 극복할 수 있었습니다. 실패는 실패로 끝나는 것이 아니고 성공을 위해서 존재한다는 것도 알게 되었습니다. 또 성공했다고 제자리에 머무는 것이 아니며, 다음 단계의 성공을 위해 또 다른 실패의 과정을 잘 극복해야 한다는 것도 배웠습니다.

운동을 통한 깨달음은 인생을 살아가면서 겪은 크고 작은 많은 실패 가운데에서도 좌절하지 않고 다시 일어설 수 있는 용기를 갖게 했습니다. 몸의 근육이 만들어지는 시간 동안에 함께 마음의 근육도 만들어져 단단히 저를 버티게 해주는 큰 힘이 되었습니다. 이처럼 운동을 통한 실패의 경험은 인생을 성공으로 만드는 훌륭한 선생님과 같았습니다.

고통이 있기에 누리는 기쁨

근력 운동을 하면 근육통이 생깁니다. 운동을 전혀 하지 않던 사람들은 이런 상황에 당황하기 십상입니다. 너무 무리하게 운동해서 다친 것은 아닌지 걱정을 하고 심지어 어떤 사람은 단단하게 잘 만들어져 가고 있는 근육을 풀기 위해 마사지를 받거나 병원을 가기도 합니다. 하지만 근력을 높이기 위한 운동에 반드시 있어야 할 요소가 바로 근육의 통증입니다.

근육 세포는 작은 단위의 미토콘드리아로 되어 있습니다. 그런데 운동을 하면 이 미토콘드리아가 자신의 한계 지점을 넘는 힘을 사용해서 상처를 입습니다. 근섬유가 찢어졌다고 표현하는데,

그래서 통증이 생기는 것입니다. 이런 통증을 겪는 동안에 사람이 살아가는 데 필요한 3대 필수 영양소인 탄수화물, 단백질, 지방과 6대 영양소인 비타민, 무기질, 물을 섭취하여 영양을 공급해 주고 충분한 수면으로 휴식을 취해 주면 상처를 입은 세포 안으로 영양분이 공급됩니다. 그렇게 상처 났던 근육이 아물면 이전보다 더욱 강력한 수퍼 세포들로 변하고 근육 세포가 강해집니다.

그런데 운동하지 않으면 근육은 다시 점점 약해집니다. 근육이 약해지는 데 걸리는 시간은 불과 24시간입니다. 주 3회는 운동을 해야 한다고 말하는 이유가 여기에 있습니다. 그러고 보면 우리의 영성을 지키기 위한 방법도 이와 비슷하지 않나 생각합니다. 기도와 말씀 묵상을 단 하루라도 하지 않고 하나님께 의지하지 않으면 불과 24시간이 채 되지 않아 내 방식과 교만한 마음이 죽지도 않고 스멀스멀 올라오니까 말입니다.

운동은 우리가 아는 것보다 더 많은 유익을 우리에게 가져다줍니다. 근육 세포가 강해지면 면역을 돕는 엔도르핀, 수면을 돕는 멜라토닌, 집중력과 몰입력을 주는 도파민, 안정감을 주는 세로토닌 등 다양한 호르몬들이 근육에서 많이 분비됩니다. 이외에도 이루 언급하기 벅찰 만큼 많은 긍정적인 호르몬이 근육에서 분비됩니다. 근육은 건강의 보물창고 같은 것입니다. 사람들은 체지방을 줄이려고 애를 쓰지만 정작 우리의 몸에서 가장 중요한 것은 근육입니다. 근육이 답입니다.

운동 과학자인 하버드대학교의 존 레이티(John J. Ratey) 교수의 말에 의하면, 근력 운동을 하면 우리 몸에 다양한 호르몬이 분비되는데, 특히, 리탈린이나 프로작 같은 우울증 치료제와 비슷한 호르몬이 분비된다고 설명합니다. 따라서 우리가 근력 운동을 하게 되면 안정감과 집중력, 침착성을 만들어 주기 때문에 우울증 치료에 효과적이라는 연구를 발표했습니다. 여기에만 그치는 것이 아니라 운동을 하면 분비되는 베타 엔도르핀은 스트레스를 긍정적으로 바꾸어 주고, 노르에피네프린 역시 우울증을 억제하며 세로토닌은 충동 억제와 평정심을 주고 멜라토닌은 정서적 안정과 면역력을 증가시켜 줍니다. 그래서 저는 우울감이 있거나 마음이 아픈 사람들에게 반드시 운동을 하라고 합니다. 무너진 마음을 일으키는 데에는 몸의 성취를 통한 자존감과 자신감의 회복이 우선시 되어야 합니다(잠 17:22). 먼저 건강한 삶의 기본부터 시작하고 나의 생활 습관부터 재점검하며 수정하는 것이 우선입니다.

저에게도 운동은 무너진 자존감과 자신감을 세워 주는 일등공신인 동시에 친구 같은 존재였습니다. 마치 생명과도 같았습니다. 저의 몸과 마음을 살려 주었으니 운동에 대해 제가 가지는 의미는 흡사 살아 숨 쉬는 훌륭한 인격체와도 같았습니다. 저의 몸에 생기를 불어넣어 주신 하나님의 사랑처럼 제 몸에 새 힘을 불어넣어 주는 원동력이었기 때문입니다.

운동을 통해 우리가 실패의 맷집과 마음의 근육을 키우면 인생의 어떤 어려움의 장벽을 만났을 때 피하지 않고 정면으로 부딪치며 뚫고 나갈 힘이 생깁니다. 만약 실패가 두려워 닥친 현실을 피하기만 한다면 다음번에는 더 작은 실패의 상황에도 도망칠 수가 있습니다. 결국 두려움 그 자체가 우리를 삼켜 버립니다. 무엇인가에 시도도 하기 전에 이미 실패의 두려움으로 패배자가 되는 것입니다.

하지만, 덤벨을 들어올리며 실패를 성공으로 바꾸어 본 경험을 인생의 철학으로 깨달은 사람은 인생의 높은 장벽을 만났을 때 마치 더 무거운 덤벨을 찾아 꾸준히 훈련하고 들어올리듯 뛰어넘을 수 있습니다. 결국, 운동과 인생의 고통과 고난은 근육을 성장시키고 인생을 성숙하게 만드는 원천적 기쁨의 밑거름이 됩니다.

두려움을 두려움 그 자체로 내버려 두어서는 안 됩니다. 두려움의 실체를 맞닥뜨렸을 때 그 두려움을 하나님께 맡기고 믿음으로 뛰어드는 용기가 필요합니다. 이것이 진정한 용기 있는 자의 모습입니다. 용기는 두려움이 없는 상태기 아닙니다. 믿고 맡기고 뛰어드는 몸의 실천에 있습니다.

이런 맥락에서 본다면 고통과 기쁨은 상반된 것이 전혀 아니라고 볼 수 있습니다. 고통과 기쁨이 서로를 위해 견제하며 협력하면서 풍성한 경험을 제공하면 이전보다 더 나은 나, 더 성숙한 나의 인생을 만들어 갈 수 있습니다. 대체로 가장 큰 기쁨은 가장 고통스러운 시간을 통과할 때 찾아옵니다. 올림픽에서 메달을 목에

건 운동선수는 자신의 운동 능력을 최상의 상태로 만들기 위해 혹독한 훈련을 견뎌 낸 경험이 있기에 기쁨의 눈물을 흘립니다. 대학에 합격한 새내기들도 고통스럽고 고된 학업을 묵묵히 이겨 낸 경험이 있기에 기쁨의 학교생활을 마음껏 누립니다.

운동을 통한 고통스러운 경험은 모두 피해 가고 싶어 하면서 건강하고 아름다운 몸이라는 결과만 추구해서는 안 됩니다. 언젠가 하버드대학교에 강의를 하기 위해 방문했는데, 한국 유학생 한 명이 자살했다는 소식을 들었습니다. 한 과목에서 C학점을 받은 것이 그 학생에게 굉장한 충격으로 다가왔고, 결국 자살을 택했다고 했습니다. 한국에서는 어렸을 때부터 수석을 놓치지 않았던 학생이 막상 대학교에 들어와 보니 자신보다 더 공부를 잘하는 학우가 많아 그들에게 열등감을 갖게 되고, 결국 극단적인 생각도 하게 되었다는 것입니다. 만약 이 학생이 운동을 통해 덤벨이 주는 교훈을 체득했다면 이렇게 극단적인 선택을 하지 않았을 수도 있었겠다는 생각에 안타까움이 컸습니다.

작은 무게를 들지 못해 실패하다가도 그 자리에서 망연히 무너져 있지 말고 다시 일어나서 내일은 그 무게를 이겨내는 경험을 내 몸으로 겪어야 합니다. 목표한 무게를 이겨내면 다시 그보다 더 위의 단계에 도전해야 합니다. 물론 당장은 실패하겠지만 그렇게 실패와 성공을 거듭하다 보면 언젠가 위 단계, 그 위 단계의 무게를 넉넉히 이겨낼 수 있을 것입니다. 도전하지 않는 사람에게는 도전 자체가 도전이 될 수밖에 없습니다. 이는 금보다 귀한 인생의 시간을 허비하는 것입니다. 우리 삶에 놓인 여러 가지 무거운 인생의 문제 앞에 우리는 쉽게 포기하지 말아야 합니다. 설령 실패하더라도 다시 힘을 길러서 도전해야 합니다.

몸도 마음도 삶도 성장할 수 있도록

사도 바울은 히브리서에서 말씀의 초보에 머물며 성장하지 못하는 성도들을 향해 안타까움을 드러냈습니다. 저 역시 트레이너로서 비슷한 안타까움이 들 때가 있습니다. 처음 시작할 때 배운 초보적인 운동을 1년 동안 그대로 유지하는 사람들을 만날 때입니다. 그들은 매일 운동하는데 왜 자기 몸은 여전히 바뀌지 않고 그대로냐고 묻습니다.

처음 배운 운동이 어느 정도 몸에 익숙해지면 조금씩 운동의 단계와 순서, 레벨을 올려서 어제보다 오늘, 오늘보다 내일 내 몸을 더 힘들게 만들어야 합니다. 자신의 한계 지점을 높여 주어야 근육이 성장하고 내 몸이 건강하게 변화합니다. 아무리 좋은 운동도 일상화되면 더 이상 몸에 자극이 되지 않습니다. 마치 반복적인 의무감만 늘어나고 형식적, 전통적이 되어 버린 교회와 같습니다. 신앙도 고민하지 않고 늘 같은 선상에만 머무르면 더 이상 삶에 자극제가 되지 않습니다.

초등학생이 중학교에 가서도 늘 덧셈 뺄셈만 할 수 있습니까? 함수도 배워야 하고 방정식도 배워야 합니다. 힘들다고 학교에 가지 않으면 당장은 몸이 편하고 즐거울지 몰라도 5년 뒤, 10년 뒤에는 반드시 후회하게 되어 있습니다. 인생은 현재에 머물지 않고 끊임없이 앞으로 나아가야 합니다. 성장통을 겪으면서 자라나야 합니다. 그러한 어려움의 통과가 나를 성장시키고 만들어 갑니다. 이것은 운동만의 이야기가 아닙니다. 우리의 인생의 이야기입니다. 어려움을 통과하는 행위가 나를 성장시킵니다.

마음에도 근육이 필요해

요즘 젊은 세대를 두고 엠지(MZ)세대라고들 합니다. 물론 다 그렇지는 않겠지만, 흔히 엠지세대를 두고 '선택과 포기가 참 빠른 세대'라고 평가합니다. 쉽게 포기하고 쉽게 좌절합니다. 왜 이런 현상이 나타나는 걸까요? 어쩌면 고통 없이 성공을 누리려고 하기 때문이 아닐까요? 고통과 어려움을 이겨 낼 영적 맷집과 근육이 없어서가 아닐까요?

지금 내가 하는 생각과 말과 행동은 대부분 과거 경험에서 파생됩니다. 또한 의식은 의지와 상관없이 무의식에서 출발합니다. 예를 들어 슬픈 음악을 듣는 이유는 이별을 경험했기 때문입니다. 어린 시절 숲에서 길을 잃은 경험이 트라우마가 되어 극도의 외로움이나 불안감으로 생활에 어려움이 생길 수도 있습니다. 그밖에도 수치심, 거절감, 분노, 상실감, 절망감, 자괴감 등의 어두운 감정과 마음은 서로 연결이 되어 있어서 어느 것 하나가 시작되면 다른 감정으로 전이될 수 있습니다. 중간에 끊어 내지 않으면 전체가 감염됩니다.

그 반대 개념인 기쁨, 행복, 자신감 등의 감정도 마찬가지입니다. 몸의 근육을 만들기 위해 근력 운동을 해야 하듯이 마음에도 근육이 필요합니다. 마음에 힘을 얻으려면 마음도 운동을 해야 합니다. 어떻게 합니까? 몸의 근육을 갖는 과정과 비슷합니다. 앞에서 근육은 상처와 고통을 주고 근섬유를 찢어지게 하는 과정에서 더 튼튼한 구조를 갖게 된다고 했습니다. 마음도 때로는 상처를 받기도 하고 절망하고 좌절할 수 있습니다. 그러나 말씀과 기도, 예배로 회복되면 이전보다 더 강건한 마음의 근육이 붙게 됩니다. 그러면 예전에 상처받았던 일 정도는 가뿐히 이겨 낼 수 있습니다. 지금 내가 피하고 싶은 일들과 상황으로부터 도망치면 당장은 속이 편하고 후련할 수 있습니다. 그러나 사실은 그 상황으로부터 영원히 벗어나지 못하고 오히려 마음이 꽁꽁 묶여서 이겨낼 힘을 기르지 못해 힘겹게 살아가는 것입니다.

트레이닝을 하다 보면 몸뿐 아니라 마음에 상처를 입고 좌절에 빠진 사람들을 많이 만납니다. 어떤 여성분을 만났는데, 그분은 보통의 몸매를 가지고 있었지만 스스로는 본인이 상당한 비만이라고 생각하고 있었습니다. 아무리 그렇지 않다고 말해 줘도 그 생각이 쉽게 변하지 않았습니다. 그녀는 음식을 먹고 살이 찔까 걱정되어 인위적으로 게우는 일이 잦다고 했습니다. 이렇게 극단적으로 다이어트를 하는 사람들 대부분은 우울증도 같이 갖고 있습니다. 자살 충동도 쉽게 느끼고, 사람들과 쉽게 어울리지도 못합니다. 약물뿐 아니라 운동 자체에 중독 증상을 보이는 사람들도 있습니다. 학교, 직장, 교회에서 유난히도 열심히 활동하는 사람 중에는 자존감이 낮은 사람들이 있습니다. 자신의 존재감을 그 안에서 발견하고 있기 때문입니다. 그것만이 본인을 유일하게 증명해 줄 일이라고 생각해서 그러한 활동이 줄어들거나 없어지면 상심합니다. 인정이나 칭찬을 받고자 하는 욕구가 강하고, 비난은 쉽게 받아들이지 못합니다. 그래서 자기에게 부정적인 반응을 하는 사람을 뒤에서 공격하는 경우도 있습니다.

그런데 저는 이런 분들을 헨리 나우웬(Henri Nouwen)이 말한 '상처 입은 치유자'가 될 가능성이 있는 사람들이라고 생각합니다. 왜냐하면 제가 그렇기 때문입니다. 저는 지금도 거울을 보면 여전히 어린 시절의 말라깽이가 투영되어 보입니다. 주변에서는 저를 보며 체격이 좋다면서 좋은 말을 많이 해주지만, 여전히 제 안에는 작고 나약한, 보잘것없는 말라깽이 소년이 있습니다. 그러나 저는 그런 저를 '상처 입은 치유자'라고 생각합니다. 그래서 지금도 몸의 근육과 함께 마음의 근육도 같이 단련하려고 노력하고 있습니다.

 몸과 마음은 연결되어 있어서 근력을 키우다 보면 이것이 마음 운동을 돕습니다. 근육을 단련할 때 나오는 호르몬이 우리의 감정까지 긍정적으로 바뀌도록 돕는 것입니다. 따라서 운동을 통해 얻는 것은 단순히 근육이나 지방이 늘고 줄어드는 차원을 넘어섭니다. 몸 자체의 순수한 가치를 찾는 것입니다.

 몸의 근육을 만들어 가는 가치관의 시작으로 마음의 근육, 영적 근육까지 만들어 낼 수 있다는 사실을 기억해야 합니다. 실패 앞에서 좌절만 하기보다 덤벨을 들고 성공과 실패를 수없이 반복하면서도 끝까지 그 무게를 이겨 내는 것처럼, 마음의 맷집과도 같은 마음의 근육을 얻게 되기를 바랍니다. 하나님이 허락하시는 삶의 고통이 내 믿음의 단계를 성숙시켜 주는 축복인 것처럼, 운동이 주는 몸의 통증은 나의 체력을 더욱 성장시키는 축복임을 기억하면 좋겠습니다.

 결국, 우리의 삶도 몸도 고난을 통과해야 성숙과 성장의 변화가 있습니다. 영·혼·육을 어느 것 하나도 가만히 편하게 놔둬서는 제대로 굴러갈 수 없도록 우리를 설계하신 하나님의 놀라우신 계획을 발견합니다. 그래서 이제부터는 이전의 습관을 이기는 새로운 습관을 길러야 합니다.

04 CHAPTER 작심삼일 말고 작심평생 합시다

한 해를 시작하는 즈음, 만나는 사람들에게 자주 하는 질문이 있습니다. "올해 꼭 이루고 싶은 세 가지 소원이 무엇입니까?" 그러면 결혼하고 싶다, 승진하고 싶다, 돈을 많이 벌고 싶다 등 여러 가지 답이 쏟아집니다. 그런데 그중에서 빠지지 않고 나오는 답이 있습니다. 바로 '건강하고 싶다'와 '살을 빼고 싶다'입니다. 뼈 때리는 말일 수 있는데, 보통 이러한 대답을 한 사람들은 지난 해에도 같은 소원을 말했을 확률이 높습니다.

우리는 매년, 새해가 될 때마다 다짐합니다. '올해는 건강하게 운동도 하고 살도 빼자!' 그런데 마치 데자뷰라도 경험하듯, 이듬해가 되면 같은 다짐을 반복합니다. 왜 그럴까요? 이 다짐을 한 해 동안 이루어 내지 못했기 때문입니다. 대한민국 평범한 직장인과 주부, 학생들은 과도한 경쟁체제 속에서 과로와 피로에 시달리며 하루하루를 살아가고 있습니다. '살아가고 있다'라기보다는 '버티고 있다'라는 표현이 더욱 와닿을 것 같습니다. 거기에서 비롯되는 스트레스를 술이나 기름진 음식을 섭취하는 것으로 푸는 경우도 상당히 많습니다. 습관적인 과식이나 폭식, 야식은 술을 마시지 않는 크리스천에게도 예외가 없습니다. 이러한 일상의 반복으로 해가 더할수록 남는 것은 늘어만 가는 뱃살과 쉽게 지치는 체력뿐입니다. 대다수 사람의 현실입니다. 내년 새해에도 같은 소원을 빌지 않으려면 오늘의 변화가 필요합니다.

언제까지 작심삼일로 끝낼 것인가

매년 실패하고 다시 소원하기를 반복하는 '건강한 몸 만들기'를 위해서는 우선 스스로 정한 명확한 기준이나 현실적이고 뚜렷한 목표가 있어야 합니다.

목표를 정하고 건강한 몸의 기준을 정립했다면 이제 올바른 운동 실천 계획을 설정해야 합니다. 사람들은 자신이 설정한 목표가 얼마나 힘든 과정을 통해 얻을 수 있는 것인지 미처 생각하지 못합니다. 그래서 무리하게 목표를 설정하고 실패를 반복합니다. 순수한 체지방 1kg을 감량하기 위해서는 약 9,000kcal를 소모해야 합니다. 트레드밀을 시속 6.0km의 빠른 걸음으로 1시간 걸었을 때 300kcal가 소모되는 점을 감안한다면, 9,000kcal를 소모하기 위해서는 24시간을 꼬박 걸어야 한다는 결론이 나옵니다. 한 달에 최소 24시간을 걸어야 하는 것으로 이해해도 좋겠습니다. 이렇게 주 5회, 하루 1시간 걷기를 한다면 한 달에 순수한 체지방 1kg을 감량할 수 있습니다. 한 달에 5kg 이상 체중을 단기간에 감량하려고 마음먹은 분들에게는 힘이 빠지는 이야기 같지만 현실입니다.

더 나쁜 소식은 높은 칼로리의 식사, 수면 부족, 과로가 동반된다면 이마저도 불투명하다는 사실입니다. 반대로 하루 세 번 균형 잡힌 영양의 저칼로리 식사와 하루 7시간 이상의 충분한 수면, 긍정적인 마인드로 스트레스 관리가 동반된다면 보름 만에도 두 배 이상인 2kg 지방 감량 효과를 성취할 수 있습니다.

결론적으로 내 체력이 어느 정도인지 알고 현재의 체력 수준에서 운동을 시작하는 것이 매우 중요합니다. 그래야 근육이 차근차근 생길 수 있습니다. 지나치게 무리한 목표 설정은 스트레스와 좌절감을 가져옵니다. 결국 운동을 포기하게 만듭니다. 자신의 신체 상태에 맞는 현실적인 목표를 세우는 것이 즐겁게 운동할 수 있는 방법입니다.

시작이 반이 아니라 전부

트레드밀 30분 걷기를 힘들어하는 사람이 많습니다. '내가 이걸 왜 해야 하지?'라는 생각만 가득하고 머릿속이 하얗게 되는 것이지요. 시간은 좀처럼 지나지를 않고, 숨이 차니 답답하고, 이렇게 걸어서 언제 살이 빠지나 막연하고, 몸도 마음도 지치고, 30분 내내 장시간 유산소 걷기 운동을 해야만 하는 이유를 수백 개를 찾다가 결국 시간이 다 되어 트레드밀에서 내려오게 되는 게 유산소 운동입니다.

보통 유산소 5분보다 10분이 더 힘들고, 10분보다 15분이 더 힘듭니다. 그런데 20분이 넘어가면 힘이 덜 들기 시작합니다. 왜일까요? 몸이 더 가벼워져서일까요? 그게 아닙니다. 유산소 시작할 때 목표했던 최종 30분이라는 시간의 목적지에 점점 더 가까워졌기 때문입니다. 목표가 보이기 시작하면 과정의 고통은 더 이상 고통이 아니기 때문이지요. 고통마저도 행복이 됩니다. 곧 이 고통이 끝날 것을 알기 때문에 과정이 아름답게 보입니다.

유산소 운동을 하는 동안에 길러진 이런 인내심은 정신적으로도 좋은 영향을 끼칩니다. 어떤 일에도 쉽사리 포기하지 않는 지구력을 길러 주는 동시에 체지방 감량이라는 건강한 몸의 효과를 동시에 가져다 줍니다.

하지만, 이런 드라마틱하면서도 멋진 결과를 만들어 주는 아주 간단한 걷기 운동마저도 첫 걸음을 내딛는 시작이 있어야 가능해집니다. 시작이 없으면 결과도 없습니다. 가만히 있으면 절대로 일어날 수 없는 일입니다. 생각했을 때 결정해야 하고 결정했을 때 실천해야 합니다. 이러한 실천이 쌓이면 습관이 되고 습관이 쌓이면 생활이 됩니다. 생활이 되면 건강한 삶 자체를 유지하는 것이 자연스러워집니다.

가만히 정지한 물체가 움직이기 위해서는 에너지가 필요합니다. 놀라운 것은 오직 시작 단계에만 쓰이는 에너지가 전체 에너지의 90퍼센트라는 것입니다. 예를 들어 지구를 도는 인공위성을 발사한다면 쏘아 올리는 데만 90퍼센트의 연료가 소비된다고 합니다. 나머지 10퍼센트의 연료만 있으면 인공위성이 궤도를 도는 데는 충분하다는 것입니다. 그렇지만 궤도를 벗어난 인공위성을 다시 궤도로 복귀시키는 데는 상당히 많은 에너지가 필요하다고 합니다.

우리 몸의 변화에도 이와 똑같은 원리가 적용됩니다. "시작이 반"이라는 말처럼 생활이나 습관을 바꿀 때는 시작 단계가 가장 힘듭니다. 다행인 것은 우리가 운동을 시작하는 순간 이미 운동의 시작 단계에 들어섰고 상당한 가속이 붙었다는 것입니다. 이제 이대로만 가면 우리가 바라던 건강하고 아름다운 몸을 만들 수 있습니다. 단 궤도에서 벗어나지 않는다는 전제 하에서입니다.

그럼에도 불구하고 수많은 사람이 결심을 쉽게 깨고 궤도에서 이탈하고 맙니다. 그 이유는 바로 몸에 밴 '습관' 때문입니다. 우리의 몸을 망치고 있는 좋지 않은 습관을 무시하고 새로운 습관을 가지려 애를 쓰려고 해도 새로운 습관을 가지기에는 많은 시간이 걸릴 수밖에 없습니다. 이미 오랜 세월 동안 잘못된 생활 리듬 자체가 새로운 습관을 받아들이는 데 방해 요소로 작용하기 때문입니다. 우리 몸에 도움이 되는 새로운 습관을 받아들이려면 그러한 방해 요소부터 없애야 합니다.

생활 속에서 하는 생활 습관 운동은 촉박한 시간에 잘못된 습관 전체를 다 뜯어고치고 바꾸라고 요구하지 않습니다. 천천히 나의 생활 리듬에 맞는 운동을 찾아 실천할 수 있도록 자기 자신을 돕는 것입니다. 그러려면 생활 속 지혜가 필요합니다. 집에서나 사무실에서, 길을 가면서도 나쁜 습관을 버리겠다고 마음먹을 수 있어야 합니다. 내가 생활하는 모든 장소나 상황을 건강에 관련하여 운동할 수 있는 장소나 상황으로 만들 수 있도록 생각의 전환과 함께 실천의 노력을 해야 합니다. 내 생활방식을 유지하되, 상황마다 건강한 습관을 만들고 유지할 수 있어야 합니다. 건강한 아이디어를 떠올리고 실천해 보아야 합니다.

예를 들어서 화장실에서 양치를 할 때 다리를 어깨 넓이로 벌리고 무릎을 90도로 굽히며 앉았다 일어서는 스쿼트 동작을 20번 충분히 할 수 있습니다. TV를 보면서 가벼운 스트레칭을 할 수도 있습니다. 하루하루 건강을 위해 실천 가능한 운동 계획을 세우면서 행동에 옮긴다면 얼마 지나지 않아 습관이 붙고 생활화되는 날이 올 수 있습니다.

그때 쯤이면 어느새 몸도 이전 같지 않게 가벼워지고 배가 들어가고 군살이 빠진, 건강미가 있는, 환하게 웃고 있는 자신의 모습을 거울을 통해 볼 수 있을 것입니다.

병원에 가지 않고 건강을 지키는 아홉 가지 방법

"병원에 가지 않으려고 운동 옵니다." 최근 3개월째 저에게 운동을 배우고 있는, 어린 자녀를 둔 회원님이 운동을 마친 후 한 말입니다. 마치 영화 명대사 같은 이 말은 운동을 하지 않고 건강만 기대하는 모두에게 '왜 운동을 해야 하는 걸까'를 생각하게 만드는 아주 의미 있고도 중요한 말입니다.

몸이 아프지 않고 건강하려면 식사를 균형 있게 먹고 잠을 충분히 자고 운동하는 것뿐입니다. 어느 누구에게도 예외란 없습니다. 내 스스로 건강을 지키지 못하면 다른 무언가에 건강을 의존하게 됩니다. 결국 약에 의존하게 되고 병원에 의존하게 되는 것입니다. 병원에 가지 않고 나를 지키는 건강을 위한 아홉 가지 방법을 소개합니다.

1. 건강을 삶의 최우선 순위로 두라

'행복이란'을 주제로 한 여론조사가 있었습니다. '가족과 함께 있는 것' '여행을 가는 것' '레저와 취미를 즐기는 것'이 가장 높은 행복의 만족도를 나타내는 결과로 나왔습니다. 그 행복의 지표를 보면서 내심 '건강한 것'이라는 것도 넣고 싶었습니다. 위에 언급

한 가장 행복한 우선순위 세 가지를 가능하도록 유지해 줄 수 있는 너무도 중요하고도 필요한 것이 바로 '건강'이기 때문입니다.

40대까지는 부모로부터 물려받은 유전적 요소가 건강을 좌우한다면 중년 이후는 개인의 노력에 따른 후천적 요소가 몸의 상태를 책임집니다. 대부분의 사람은 청년기에는 물려받은 건강만 믿고 몸 관리를 하지 않은 채 중년을 맞이합니다. 40대부터 10대 성인병 발병률이나 사망률이 급격히 높아지는 것도 바로 그런 이유입니다. 은퇴를 앞둔 시니어들이 여생을 위해 가장 중요한 요소로 가족, 재테크, 여행, 건강 등을 꼽지만 건강이 없다면 여행을 갈 수도 가족과 소중한 시간을 보낼 수도 없습니다.

그러면 어떻게 해야 중도에 포기하지 않고 운동하고 건강해지고 행복해질 수 있을까요? 하루와 한 주의 일정을 정할 때 다른 일정과 약속보다도 먼저 운동하는 일정을 우선적으로 넣도록 합니다. 미팅이나 모임 등은 그다음의 순위로 채워가면 됩니다. 운동으로 바빠서 만날 시간이 없다는 말이 나올 정도가 되어야 비로소 건강한 몸이 만들어지기 시작한다는 것을 명심합시다.

2. 신체적, 정서적 도달점을 함께 정하라

막연히 '건강해지자' '살을 빼자' 정도로만 목표를 정하면 금세 흐지부지될 확률이 높습니다. 운동을 할 때는 기간, 시간, 운동의 구성과 내용을 명확히 하되 신체적, 정서적 목표점을 구체적으로 하는 것이 동기부여와 성취감을 높여 줍니다. 예를 들면 몸무게 85kg인 남성이 1년동안 총 6kg을 감량하기로 했다면, 연말까지 79kg이 되기 위해 주에 몇 회 운동할지, 하루 얼마의 시간을 소요할지, 어떤 운동을 어떻게 할 것인지를 계획하고 실천해야 합니다. 정서적으로는 내가 운동을 하면서 느끼는 기분이나 생각, 감정들을 메모하고 정리하면서 내 몸이 나에게 주는 긍정적인 메시지를 통한 깨달음의 유익을 얻는 것도 좋습니다.

3. 가족력을 극복할 수 있는 운동을 하자

나이가 들면 어떤 운동을 더 중점적으로 해야 할까 다들 궁금해 합니다. 세상 사람들 중에는 농담 삼아 "술을 마시기 위해 운동을 한다" "골프를 치기 위해 운동한다"는 말을 하는 사람도 많습니다. 언뜻 들어 보면 그럴듯하지만 운동의 목적이 건강이 아닌 술이나 골프라는 것에 아쉬움이 있습니다. 40대 이후가 되면 가족력에서 시작되는 질병이 하나둘 나타나기 시작합니다. 이를 극복하기 위해서는 현명한 준비가 필요합니다.

심장이 좋지 않은 집안이라면 유산소 운동을 통해 심박수를 체크하여 콜레스테롤 수치를 낮춘다거나 부모님이 골다공증이 있다면 나도 역시 골밀도를 높이는 하체 강화 운동을 하는 등의 적절한 노력이 필요합니다. 결론적으로 운동의 목적은 건강이 되어야 하며, 건강의 목표는 나를 사랑하는 하나님의 뜻에 따라 살면서 나와 내 가정, 내 이웃을 돌볼 수 있는 체력을 유지하기 위함이 되어야 합니다.

4. 운동은 두뇌와 정신을 더욱 건강하게 만든다

"건강한 신체에 건강한 정신이 깃든다"라는 영국 계몽주의 철학자 존 로크(John Locke)의 말처럼 사람은 나이가 들수록 나의 정신을 위해서도 신체의 건강이 필수임을 잊어서는 안 됩니다. 나이가 들수록 기억력 감퇴, 스트레스성 불면증, 노인성 치매 등 두뇌 건강이 더욱 큰 문제가 됩니다. 이럴 때 신체 운동을 하면 즉각적인 반응이 몸에서 나타납니다. 우선 운동을 하면 근력, 순발력, 지구력, 유연성, 민첩성 등 생명을 유지하고 연장해 주는 기초 체력이 향상됩니다. 이는 곧 지칠줄 모르는 추진력, 정신적인 끈기와 인내, 빠른 판단력, 사고의 유연성과 평정심 등을 키워 줍니다. 정신적 스트레스가 많은 분들에게 좋은 소식이 있습니다. 만병의 근원이며 '긴장하다, 압박을 받다'의 의미를 가진 '스트레스'의 반대의 개념은 '유연하다, 늘려준다, 긴장을 풀고 이완해 준다'는 의미인 '스트레칭'입니다. 이렇듯 정신의 스트레스마저도 몸의 운동으로 해결할 수 있으니 두뇌의 건강, 정신의 건강에는 잠시 복잡한 생각의 상황에서 빠져나와 땀을 흘리며 운동을 하는 것이 좋은 해결책이 될 수 있습니다.

5. 모범적인 윗물이 되라

한 집안의 가장으로, 부모로, 남편과 아내가 되어 더욱 명심해야 할 것이 있습니다. 자신의 캐릭터가 곧 그 집안의 정체성이 된다는 것입니다. 부모가 밤늦게 집에서 야식을 즐기기 시작하면 야식을 즐기는 문화가 자연스레 가정에 스며듭니다. 반대로 부모가 봉사활동을 꾸준히 하는 집안은 자녀들도 부모의 영향을 받아 봉사활동을 하기 시작합니다. 부모의 수면 습관과 식사 습관, 운동 습관, 더 나아가 전체적인 생활 습관은 자녀들에게 거울이 되어 어느새 세월이 지나 부모를 닮게 된 자녀의 모습을 보게 합니다. 크리스천 부모로서 가정을 선교지로 삼아 모범이 되는 삶의 습관을 보이고 실천하는 것이 교회된 가정을 올바로 세워 가는 길입니다.

6. 근력 운동이 시간을 되돌린다

나이보다 더 늙어 보이는 것을 좋아하는 사람은 없습니다. 그럼에도 중년 이후에는 피부의 탄력이 떨어지고 살이 찌면서 노화가 가속화됩니다. 인간은 35세를 기준으로 매년 1퍼센트씩 근육량이 줄어들고 반대로 지방량은 1퍼센트씩 늘어납니다. 이를 예방하고 세월을 거꾸로 돌리는 방법이 바로 근력 운동입니다. 동안의 비결은 피부 표면을 가리는 화장이나 얼굴의 피부만 자극하는 마사지가 아니라 피부 속 근섬유를 자극하는 데 있습니다. 운동을 통한 내부 자극으로 근육과 피부의 탄력을 강화하는 것이 나이보다 생기 있고 건강한 몸을 만드는 포인트입니다.

7. 몸이 늙으면 마음도 경력도 늙어 간다

사람은 나이가 들수록 건강한 매력이 느껴져야 합니다. 가끔 할리우드 영화를 보면 왕년의 스타인 톰 크루즈 같은 배우가 과거 전성기 못지않은 몸으로 연기하는 것을 보곤 합니다. 관객들은 배우의 연기력만큼이나 60의 나이에도 청년처럼 뛰어다니는 배우의 몸을 보고 감탄합니다. 노년의 나이에도 전성기 못지않게 활약하는 것을 보면서 몸이 젊으면 경력 또한 빛이 난다는 것을 실감합니다.

나이를 가늠할 수 없도록 만드는 유일한 방법은 건강한 몸으로 변화하려는 끊임없는 노력과 결과입니다. 특히, 요즘은 결혼이 늦어진 이유로 나이가 꽤 있어 보이는 부모들도 자주 만나게 되는데, 대부분이 어린 자녀를 앞으로 잘 키우기 위한 걱정과 함께 노후의 걱정이 늘 마음 한구석에 있습니다. 만약에 저에게 가장 좋은 해결 방법이 무엇이냐고 물어본다면 단연코 부모가 얼마나 건강한 몸으로 자녀와의 미래를 준비하는가에 따라 모든 결과가 달려 있다고 자신 있게 말할 수 있습니다.

8. 운동을 하면 오늘을 누릴 시간이 줄지만 내 삶은 늘어난다

100세 시대라고 합니다. 건강한 100세를 말하는 것이 아닌 과학과 문명, 더 정확히 말하면 의학의 발달로 인한 수명 연장을 포함해서 100세 시대라고 말합니다. 하지만 스스로의 체력에 의존하지 못한 채 약과 의술에만 의존해서 힘겹게 오래 사는 것은 그다지 행복한 삶이라고 말할 수 없습니다. 가장 행복한 노년은 단순히 기간의 늘어남이 아닌 살아가는 동안의 질적인 요소에 달려 있습니다. 삶의 질을 높이려면 일어나서 걷고 뛰고 오르고 진취적인 활동을 할 수 있어야 합니다. 60세에 몸에 병을 얻어 병상에 누워서 40년을 보내는 것보다는 조금이라도 젊은 20대, 30대, 40대에 운동을 생활화하고 질병을 예방하고 건강하게 사는 것이 더 가치가 있습니다.

9. 운동을 포기하는 것은 삶(건강)을 포기하는 것이다

운동을 함으로써 얻는 좋은 효과를 모르는 사람은 아무도 없습니다. 하지만 '건강'이라는 목적을 향해서 운동을 하다가도 중간에서 포기하는 일이 다반사입니다. 통계만 보더라도 운동을 하다가 중간에 안 하는 이유는 '귀찮아서' '바빠서'가 전체 이유의 70퍼센트를 웃돕니다.

운동의 결과나 효과는 바로 나타나지 않습니다. 그러다 보니 몸이 아프기 전까지는 꼭 운동을 해야 할 필요를 많이 못 느낍니다.

오늘의 소중한 여가 시간을 운동하는 데 쓰기에는 왠지 아깝고, 그 시간에 TV를 본다거나 지인을 만난다거나 하는 것이 더 효율적이게 보입니다. 하지만, 건강은 잃기 전에 지키는 것이 너무도 중요합니다. 건강을 잃으면 어떤 활동도 할 수 없습니다. 건강의 소중함과 운동의 중요성은 건강을 잃어 본 사람만이 잘 압니다.

운동을 포기하는 것은 '건강'을 포기하는 것이고 '인생'을 포기하는 것입니다. 우리 모두가 가정에서 학교에서 직장에서 열정적인 삶을 살기 위해 '건강'을 포기하지 않고 꾸준히 운동을 하며 몸과 마음의 활력과 근육을 만들고 삶의 에너지를 높여 가기를 바랍니다.

생활 공간이 곧 운동 장소

어렸을 때 근육질의 외국 배우가 나오는 영화가 인기였습니다. 아놀드 슈왈제네거나 실베스터 스탤론 같은 배우가 출연한 영화라고 하면 무조건 봤습니다. 그중에서도 〈터미네이터〉라는 영화를 처음 봤을 때의 충격을 잊지 못합니다. 주인공의 우락부락한 근육질 몸을 보았을 때 '저건 사람이 아니고 분명히 로봇일 거야!'라고 생각하면서 입을 다물지 못했습니다.

그때부터 방 벽에다가 영화 주인공 사진을 도배하듯이 붙이고, 밤마다 터미네이터가 되는 꿈도 꾸었습니다. 꿈속에서 저는 누구보다 강하고 빠르고 힘이 넘쳤습니다. 하지만 아침에 잠에서 깨어나면 다시 약골 소년 정주호로 돌아왔습니다. 그런 나날의 연속이었죠. 그러다가 부푼 기대를 안고 찾아간 헬스장에서 경험한 좌절은 오히려 제게 오기를 심어 주었습니다.

세월이 흐르고 저는 더욱 운동에 매진했습니다. 관련 학과를 나오고, 자격증을 취득하고, 선수 활동을 하고, 트레이너가 되기까지 많은 시행착오와 고된 훈련의 시간을 보냈습니다. 헬스장에 첫발을 내디뎠던 시점에서 오랜 세월이 흐른 지금, 저는 운동을 지도하면서 이런 생각을 하곤 합니다.

'우리의 몸은 어떤 운동 기구나 기계에 의존하지 않고는 건강하게 만들 수 없을까? 몸 자체로는 부족한가? 하나님의 창조물이니 완전하지 않은가?'

하나님을 믿는 주님의 자녀로서 하나님은 우리를 완전하게 창조하신 분이라는 것에 어느 누구도 이의를 제기할 수 없을 것입니다. 그런데 계속 공부를 하다 보니 결국 하나님은 우리의 몸을 완전하게 창조하셨지만 우리의 욕심과 불규칙한 수면, 편식과 과식, 스트레스가 하나님이 주신 완전했던 몸을 망가뜨린다는 사실을 알게 되었습니다. 우리의 몸은 그 자체로 완전합니다. 다만 우리가 무시하고 살았기 때문에 몸이 점점 나빠진 것입니다.

몸을 건강하게 하는 것은 하나님이 주신 완전한 상태로의 회복과 같습니다. 완전한 몸 그 자체가 되기 위해서는 특별히 정교한

기계나 기구가 필요 없습니다. 그럼에도 대부분 사람들은 꼭 헬스장에 가거나 운동 기구가 있어야만 운동할 수 있다고 생각합니다. 아이러니한 점은 운동하러 가는 사람들이 택시를 타고 헬스장에 가고 엘리베이터를 타고 오르내립니다. 또 헬스장에서 1시간 동안 열심히 트레드밀에서 달리고, 웨이트 트레이닝을 하고, 집에 와서는 손도 까딱하지 않고 누워 있습니다. 운동을 또 하나의 해야 할 과제로 생각하기 때문입니다.

운동은 생활 습관이어야 합니다. 지하철을 타면서 걸어 다니고, 계단을 오르내리는 것이 모두 운동으로 연결되어야 합니다. 올바른 자세를 유지하면서 일상생활을 한다면 운동 효과를 높이는데 훨씬 더 유익할 것입니다. 운동할 시간이 없다고 불평만 하지 말고 출퇴근길에 단 10분이라도 걸어 보고, 집이나 직장에서도 의자, 책상, 수건 등을 이용해 스트레칭을 하면 좋겠습니다. 우리가 생활하는 공간이 곧 운동 장소임을 기억해야 합니다. 그러다 보면 인생살이의 고민과 근심, 우울함, 나약함, 슬픔 등의 부정적인 감정과 멀어지고 건강한 기쁨과 즐거움, 긍정적인 생각이 내 안에 자리잡게 될 것입니다. 몸을 관리하는 것이 나의 삶을 관리하는 것으로 이어집니다. 하나님이 우리에게 주신 영·혼·육의 성전을 깨지지 않도록 잘 관리하고 지키는 여러분이 되기를 응원합니다!

생활 속 운동 팁

운동을 지도하면서 알게 된 것은 많은 사람이 공부를 하든 일을 하든 자신의 한계를 극복하며 성공으로 가기 위해 노력하지만 여러 가지의 이유로 인해 그 목적을 달성하지 못한다는 것입니다. 저는 그분들에게 자신의 신체의 한계를 만나 보았는지 물어봅니다. 대부분이 자신의 지식의 한계, 학력의 한계, 능력의 한계, 연봉의 한계, 지위의 한계는 넘으려고 노력을 하지만 신체의 한계를 넘어 보려는 사람은 드뭅니다. 저는 남들과 나를 비교하고 부러워하면서 목적도 없는 자신의 한계를 뛰어넘으려 하지 말고 나 자신의 신체적 한계를 확인하고 자신을 뛰어넘는 훈련을 해보라고 권유합니다. 내가 30kg을 들 수 있는지 50kg을 들 수 있는지 자신의 체력의 한계를 정확히 파악하고 그것을 뛰어넘으면 나도 할 수 있다는 자신감을 갖게 해줄 뿐만이 아니라 하나님이 나에게 주신 무한한 가능성을 발견하도록 도와줍니다.

학업이나 바쁜 업무로 인해 도서히 시간이 나지 않는다면 쉽고 간단하게 따라할 수 있는 생활 속 운동 팁을 알려 드리겠습니다. 집이나 학교, 일터에서 간단히 할 수 있는 운동으로 꾸준히 해주면 긍정적인 효과를 볼 수 있습니다. 먼저 약 10분간 걷기를 하면서 심박 속도를 높이고 나서 스트레칭을 어깨, 팔, 허리, 다리 순서로 간단히 한 뒤에 다음과 같은 다섯 가지 근력 운동을 실천해 보면 좋겠습니다.

근력 운동 Big 5

1. 스쿼트 | 양 다리를 어깨 넓이로 벌린 뒤 양손을 교차하여 어깨에 얹어 팔꿈치를 정면으로 향하게 합니다. 양 무릎을 90도 정도 굽히며 앉았다가 일어나는 동작을 반복합니다.

2. 푸시업 | 양 손바닥을 어깨 넓이로 하여 바닥을 짚고, 무릎을 뗀 채로 팔을 굽혔다 폅니다. 팔이나 상체 체력이 약한 사람은 무릎을 바닥에 대고 합니다.

3. 런지 | 양손을 교차하여 어깨에 얹고 팔꿈치를 정면으로 향하게 한 뒤, 한 다리씩 크게 앞으로 내보냈다가 돌아오는 동작을 반복합니다. 다리를 앞으로 내보낼 때는 무릎이 기역(ㄱ) 자가 되게 하고, 내보내지 않은 뒤쪽 다리는 무릎을 굽혀 니은(ㄴ) 자가 되도록 만듭니다.

4. 크런치 | 바닥에 등을 대고 누운 상태에서 양 다리를 들어 올려 기역(ㄱ) 자를 만듭니다. 양손을 교차하여 어깨에 얹어 팔꿈치를 정면으로 향하게 한 후 어깨와 등을 일으켜서 팔꿈치가 무릎 위 허벅지에 맞닿도록 하는 동작을 반복합니다.

5. 플랭크 | 바닥에 가슴을 대고 엎드린 자세에서 양 팔꿈치를 어깨 아래에 90도로 놓은 후 바닥에 대고 있던 가슴과 배, 허벅지와 무릎을 허공으로 마치 교각의 모양을 만들 듯이 일으켜서 멈추는 동작입니다.

    이러한 동작을 각각 1분 동안 순서대로 하는 것을 1세트로 하여 총 3세트를 합니다. 1세트를 마치면 약 10초를 쉬고 2세트를 하고, 마치면 또 20초를 쉬고 마지막 세트를 합니다. 각각의 운동을 할 때 타이머를 놓고 1분당 몇 회 하는지를 적어서 매주 기록을 떨어뜨리지 않고 유지하거나, 회수를 늘리기 위해 노력합니다. 그래야 느슨해지지 않고 더 높은 수준의 체력으로 끌어올려 줍니다.

3세트 운동 시간은 총 15분이며 주 3회를 추천합니다. 근력 운동을 하기 전에 유산소 운동으로 빠르게 걷기를 15분 정도 하는 것도 좋습니다. 유산소 운동을 먼저 하는 것은 혈류량을 높이고 체온을 상승시켜서 관절이나 인대의 손상을 방지하기 위함이며, 근력 운동 전에 걷기를 통해 유연성을 증대함으로 부상을 최소화 하기 위함입니다.

빠르게 걷기는 달리는 것보다 훨씬 장점이 많습니다. 뛰지 않아도 뛸 듯이 빠르게 걸으면 느리게 뛰는 것보다 최대심박수에 더 빨리 도달할 수 있으며, 심혈계 및 심폐 능력을 높여 주고 체지방을 더 효율적으로 연소시키는 데에 도움을 줍니다. 또한 유산소 15분 운동 후에 휴식 없이 앞서 소개한 다섯 가지 근력 운동을 15분 한다면 유산소 운동할 때와 동일한 수준의 심박수를 유지할 수 있기 때문에 총 30분의 유산소성 운동 효과를 얻을 수 있습니다. 15분 빨리 걷기, 15분 근력 운동으로 30분 유산소, 15분 무산소 운동의 효과를 얻을 수 있습니다.

가족들과 잠들기 전에 함께 모여서 시도해 보세요. 즐거운 하루의 건강한 마무리가 될 수 있습니다.

05 CHAPTER 어젯밤 푹 주무셨나요

우리는 잠이 안 오는 시대에 살고 있습니다. 어떻게든 기상은 일찍 하는데, 잠드는 것이 문제입니다. 새벽 1시는 기본이고 2시 3시에 간신히 눈을 붙이는 분들도 많습니다. 베개에 머리를 댄 것은 11시인데 새벽 내내 잠이 안 와서 천정만 바라본다고 합니다. 무슨 일일까요?

잠에 잘 못 드는 사람들은 대체로 걱정, 근심, 불안, 고민이 많습니다. 제가 만난 근심과 걱정이 많은 분들 치고 일찍 자고 일어나는 사람은 본 적이 없습니다. 이런 근심과 걱정은 기본적으로 스트레스와 불안으로 나누어 볼 수 있습니다. 사실 스트레스는 간단합니다. 원인이 있고, 이 원인에 대한 상황이 종료되면 금방 해결이 됩니다. 그런데 불안은 끝이 없습니다. 끊임없는 두려움 때문에 불안정한 마음이 지속되고, 정상적인 생활에 문제를 일으킵니다. 다시 말해 스트레스는 생긴 일에 대한 고민이며 불안은 생기지도 않는 일을 앞서 걱정하고 근심하는 것입니다.

만약 스트레스로 잠들지 못한다면 밤늦은 시간에 해결하지도 못할 문제로 밤을 새지 말고 수면을 충분히 취한 뒤에 이른 새벽에 일어나 땀이 흥건하게 젖도록 걷고 근력 운동을 하기를 권합니다. 샤워하고 아침 식사를 하기 전 말씀을 읽는 것도 좋습니다. 기도하면서 하나님의 뜻을 묻고, 하나님 주실 마음의 응답과 감동을 기대해 보십시오(렘 31:1).

뭔가에 불안하다는 것은 아직 아무 문제도 생기지 않았다는 증거입니다. 이 사실을 기억하면 좋겠습니다. 두려운 것은 앞으로 일어날지 모를 것들에 대한 막연하고 어두운 공포입니다. 그 두려움의 터널 속으로 빠져들어 가지 말고 환한 빛으로 나를 인도해 주시는 하나님의 은혜와 사랑을 구하십시오. 평안 안에 거하며 매 순간 감사할 이유를 발견하는 긍정의 내적 힘을 얻기를 간구해야 합니다(시 4:8).

신앙인의 모범은 맡기는 삶

결혼 초기에 장인어른이 저에게 해주신 조언이 있었습니다. "걱정을 많이 해서 걱정이 없어진다면 걱정이 없겠네!" 생각하면 할수록 맞는 말씀입니다.

데일 카네기(Dale Carnegie)의 《카네기 인생지침서(상)》이라는 책은 사람들이 걱정하는 일 중에서 실제로 일어나지 않은 일에 대해 걱정하는 것이 40퍼센트, 이미 지나간 과거 일을 걱정하는 것이 30퍼센트, 별로 중요하지 않은 일을 걱정하는 것이 22퍼센트, 우리 힘으로는 도저히 어찌할 수 없는 일을 걱정하는 것이 4퍼센트라고 합니다. 걱정과 근심, 염려의 96퍼센트는 쓸데없는 걱정이나 중요하지도 않은 일들에 대한 것이 대부분이라는 말입니다. 이처럼 우리는 걱정할 거리가 아닌 것들로 미리 걱정만 너무 해서는 안 됩니다.

많은 사람이 미래에 대한 걱정 또는 과거에 대한 후회로 현재를 삽니다. 그런데 이것은 현재를 산다고 볼 수 없습니다. 과거에 매여 살거나 허상 같은 미래에 살아가는 것이나 다름없습니다. 현재에 사는 사람은 현재를 충실하고 성실하게, 그리고 누리고 나누며 살아야 합니다.

성경에도 이러한 걱정과 근심과 염려에 대한 구절이 많이 있습니다.

네 짐을 여호와께 맡기라 그가 너를 붙드시고 의인의 요동함을 영원히 허락하지 아니하시리로다 시 55:22

우리가 먹고 자고 활동하는 가운데의 모든 삶을 균형 있게 관리하고 살아가는 것은 단순히 건전한 삶의 모범이 될 뿐만이 아니라 신앙적으로도 아주 중요한 부분입니다. 신앙인의 삶이란 마음에만 달려 있는 것이 아닙니다. 불신자와 근본적으로 다른 삶의 모습이 있지 않고서 어떻게 하나님의 구별된 자녀로서 세상 사람들의 모범이 될 수 있겠습니까?

하나님을 믿지 않는 사람들은 사실 우리의 믿음을 조용히 지켜보며 판단하는 감시자들입니다. 우리가 신앙적 언행일치의 삶의 모습을 보여 주려면 거짓이 섞인 연기가 아닌, 삶에서 우러나오는 자세와 습관이 있어야 합니다. 한결같은 모습으로 자연스럽게 믿지 않는 이들에게 다가가야 합니다. 무언가가 달라도 분명히 달라 보여야 하고, 가치관이 달라야 하고, 그러면서도 마르지 않는 샘처럼 항상 기쁨과 확신이 있는 삶을 살아야 합니다.

너희는 스스로 조심하라 그렇지 않으면 방탕함과 술취함과 생활의 염려로 마음이 둔하여지고 뜻밖에 그날이 덫과 같이 너희에게 임하리라
눅 21:34

비록 우리가 세상에 속해 있지만 속해 있지 않은 자들과 같이 살라는 말씀입니다.

이러한 말씀으로 저녁이 되고 밤이 되어 잠을 잘 시간이 되면 오늘의 걱정을 하나님께 올려 드리고 잘 수 있도록 해야 합니다.

하나님을 온전히 신뢰한다는 것은 예배에만 국한된 것이 아닙니다. 정말 하나님께 나의 삶 전체를 드려야 합니다. 걱정, 불안, 근심까지도 내가 해결할 수 없다고 고백하고 맡기는 것이 믿음이 있는 사람의 모습입니다. 그렇지 않으면 수면 부족과 피로로 인해 새로운 걱정거리가 하나 더 늘어나게 됩니다. 마음에 이어 몸 건강의 적신호가 뜨기 시작합니다.

> 그러므로 내일 일을 위하여 염려하지 말라 내일 일은 내일이 염려할 것이요 한 날의 괴로움은 그날로 족하니라 마 6:34

어린이 키 성장과 마음 성장에 관하여 《하루 10분 아이 운동의 힘》이라는 책을 출간했습니다. 거기에 썼던 내용을 인용하면, 아이의 키 성장에는 부모의 유전자가 겨우 29퍼센트 영향을 주고 나머지 71퍼센트는 환경의 영향을 받는다고 합니다. 환경이란 운동하고 자고 먹는 것을 말합니다. 이 중에 한 가지라도 정상치에서 부족하면 아이의 건강은 물론 키 성장에도 방해가 된다는 것입니다. 여기에 질 좋은 수면이 1/3인 21퍼센트 영향을 줍니다. 잠을 설치거나 못 자는 것이 키 성장을 방해하는 것입니다.

> 너희 중에 누가 염려함으로 그 키를 한 자라도 더할 수 있겠느냐 마 6:27

이 말씀처럼 어른에게는 성인병을 초래하고 아이에게는 키를 한 자도 키우지 못하고 성장까지도 저해하는 스트레스와 불면증을 생활 습관의 변화로 바꾸어 주어야 합니다.

12시 이전에 자야 하는 이유

수면은 몸을 병원균으로부터 나를 보호할 방어막인 면역력을 만들어 주고 동시에 뇌의 기능을 원활하게 도와주어 치매와 알츠하이머도 예방해 준다고 합니다. 이러한 수면을 통한 건강한 몸을 유지하고 개선하기 위해서는 자정 12시 이전에 자는 습관을 들여야 합니다.

숙면을 돕는 호르몬인 멜라토닌은 주로 밤 11시에서 새벽 2시에 활발하게 분비됩니다. 그래서 늦어도 12시 이전에는 잠을 자는 것이 좋습니다. 나이가 들면 잠이 안 오거나 이른 새벽부터 잠이 깨는 등 수면의 양과 질이 현저하게 떨어지는데, 그 이유는 신체 내 모든 호르몬의 분비가 줄어들기 때문입니다. 숙면을 돕는 호르몬인 멜라토닌도 예외가 아닙니다.

이러한 노인들의 수면과 숙면을 돕는 가장 좋은 방법은 근육운동으로 멜라토닌이 활발하게 분비되도록 하는 것입니다. 그리고 운동의 피로감으로 밤에 잠에 곯아떨어지도록 하는 것입니다. 잠은 낮 동안 운동으로 피로해진 근육 세포가 재생하고 더 단단해

지도록 만들어 주는 회복의 시간입니다. 더불어 낮 동안에 햇빛에 노출 시간을 높이면서 공원 같은 자연환경에서 걷기를 하면 안정감을 주는 세로토닌의 분비가 왕성해지고 우울한 기분도 개선할 수 있고 삶의 만족도와 행복감을 높이도록 도울 수 있습니다. 그래서 잠은 항상 다음날로 미루지 말고 그날 자는 것이 건강에 좋습니다.

잠은 영적인 건강으로 본다면 몸으로 드리는 기도이며 묵상과도 같습니다. 우리는 늘 기도하기를 힘쓰고 몸을 단련하기를 힘써야 합니다. 기도와 묵상이 하나님의 뜻을 헤아리며 나를 준비하는 시간인 것처럼, 잠은 몸의 회복을 돕고 내가 세상에 나갈 체력을 준비하는 시간입니다. 내 몸에 힘을 비축해 주는 육적인 잠과 영적인 기도와 묵상이 늘 함께할 때 육체와 영혼에 힘을 얻는 특별한 경험을 할 수 있습니다.

> 오직 여호와를 앙망하는 자는 새 힘을 얻으리니 독수리가 날개치며 올라감 같을 것이요 달음박질하여도 곤비하지 아니하겠고 걸어가도 피곤하지 아니하리로다 사 40:31

우리는 힘이 안 나도, 힘이 빠져도, 힘이 없어도 힘을 낼 수 있습니다. 날마다 나에게 새 힘을 불어넣어 주시는 하나님이 계시기 때문입니다. 아침에 일어나면 새 생명을 주시는 하나님께 감사하며 최선을 다해 살아야 합니다. 그러다가 밤이 되어 잘 시간이 되면 인생의 마지막 죽음을 준비하듯 잠자리에 드는 삶이 우리 삶이 되어야 합니다.

"그런즉 누구든지 그리스도 안에 있으면 새로운 피조물이라 이전 것은 지나갔으니 보라 새 것이 되었도다"(고후 5:17)라는 성경 말씀은 정확합니다. 사람의 세포 수는 약 60조 개인데, 그중 하루에 100만 개의 세포가 죽고 다시 100만 개가 생성된다고 합니다. 1년이 지나면 전체 세포의 90퍼센트 이상이 교체된다고 하니 날마다 새롭게 주시는 새 생명으로 살아간다는 것이 논리적으로도 맞는 말입니다. 다시 말하면 누구든지 그리스도 안에 있으면 새로운 세포로 날마다 태어나는 것입니다. "옛 몸의 세포(생명)는 죽었으니 보라 새 세포(생명)가 되었도다"라고 적용해 볼 수 있습니다.

그렇게 하나님이 주신 날마다의 생명이라는 삶 가운데 꿀맛 같은 하나님을 만나는 간증이 있다면, 하나님과 동행하며 감사와 기쁨으로 매일을 살아가고 있다면 두려울 것이 무엇이겠습니까? 근심과 걱정으로 잠이 안 올 리가 없습니다. 하나님은 우리의 육체가 죽어서 만나는 갑작스러운 존재가 아니라 살아가면서 날마다 만나는 분이시기 때문입니다.

그런 하나님과의 교제는 기도로 이루어집니다.

25 **그러므로 내가 너희에게 이르노니 목숨을 위하여 무엇을 먹을까 무**

엇을 마실까 몸을 위하여 무엇을 입을까 염려하지 말라 목숨이 음식보다 중하지 아니하며 몸이 의복보다 중하지 아니하냐 26 공중의 새를 보라 심지도 않고 거두지도 않고 창고에 모아들이지도 아니하되 너희 하늘 아버지께서 기르시나니 너희는 이것들보다 귀하지 아니하냐

마 6:25-26

기도는 영혼의 호흡입니다. 우리가 숨을 쉬지 않으면 몸이 죽는 것처럼 하나님과의 교제인 기도가 없으면 영혼이 죽습니다. 늘 마음 가운데 기도로 하나님을 생각하고 의지하면 그날의 걱정과 염려는 하나님께 맡기고 영혼의 자유함 가운데 숨을 쉬고 두 발을 뻗고 잘 수가 있습니다.

스트레스를 몸으로 스트레칭하자

저는 10대 시절에 청량리, 동대문과 신설농을 전전하며 공사 현장에서 일하던 적이 있었습니다. 날마다 어김없이 새벽 4시 반에 일어나서 현장에 5시 반에 도착합니다. 6시부터는 노동의 연속입니다. 점심시간이 1시간 있는데 점심을 10분 안에 먹고 나면 공사장에 있는 널빤지에 누워서 인부 아저씨들과 함께 햇볕 아래 잠을 잤습니다. 40분 정도 꿀잠을 자고 나서 다시 일을 쉼 없이 하고 저녁 6시에 일을 마치면 귀가해서 저녁을 먹자마자 바로 쓰러져

잤던 기억이 있습니다.

저뿐만이 아니라 함께 공사 현장에서 일하던 모든 분의 공통적인 이야기는 집에 가면 밥 먹고 씻을 기운도 없이 잔다는 것이었습니다. 육체의 피로와 피곤이 극심해서 잔다고 말하기보다는 곯아떨어졌다는 말이 더 어울립니다. 차라리 '기절했다'가 더 맞는 표현이라는 생각도 듭니다. 그런 이유로 몇 년간 공사장 현장을 따라다니며 느낀 것이 있다면, 현장에서 일하는 분들 중에 불면증 환자를 본 적이 없다는 것이었습니다.

현대인의 수면 장애는 육체의 피로가 없는 상태에서 정신적 피로만 쌓여 가기 때문입니다. 근심하고 걱정하고 염려하며 불안해하는 마음이 늘 내면 구석에 있기 때문입니다. 이것이 우울증을 낳고 자살로 이어집니다. 우울증과 자살률은 사회적으로도 큰 문제로 대두되고 있습니다. 특히, 우리나라는 OECD 국가 중 저출산율에 이어 자살률마저도 1위를 기록하고 있습니다. 아이들은 학교와 학원에서, 청소년은 입시 경쟁에서, 청년은 취직과 결혼과 내 집 마련 앞에서, 부모는 먹고살 걱정 앞에서 자유롭지 못합니다. 경제적 여유가 있는 사람들이라고 마음이 편할까요? 그들도 가진 재산을 늘려 보겠다고 부동산 투자, 주식 투자에 혈안이 되어 있습니다. 그야말로 '돈'이 하나님을 대체한 나라가 되어 버렸습니다. 학벌과 지위와 권력과 명예마저도 다 돈을 더 얻기 위해 필요한 수단에 지나지 않는다고 생각하는 것 같습니다.

그러나 하나님을 믿고 따르는 사람의 특징은 고급 차와 비싼 옷을 입고 있지 않아도 만나는 이들에게 특별한 매력을 드러냅니다. 마치 세상에 없는 특별하고도 근사한 옷을 입은 것처럼 말입니다. 보이지 않는 그 특별한 옷을 저는 품격, 다시 말해 하나님을 닮은 인격과 예수님을 닮은 성품의 향기라고 말합니다. 보편적인 세상 일에 모두가 일관하는 보편적인 생각이 아닌 진리의 생각을 가지고 말하며 살아가는 특별한 삶의 면모가 다른 이에게 특별한 모습으로 내비치는 것입니다.

고통에서 벗어나는 여백의 소중함

마음을 죽이는 병이 몸을 죽이는 병보다 더 위험합니다. 몸은 멀쩡한데 마음이 힘든 우울증 환자가 자기 몸을 스스로 죽이려고 하는 것이 지금 시대에 가장 큰 문제입니다. 마음을 치유하는 일은 몸을 먼저 회복하는 일부디 시작하는 것이 바람직합니다.

몸의 통증은 내가 살아 있다는 것을 의미하며, 운동으로 인한 근육의 통증은 내가 성장통을 겪고 있다는 것을 말해 줍니다. 몸의 원리가 인생의 원리에도 동일하게 적용되어 우리 삶 가운데 고난과 고통이 없으면 우리는 영적으로 성장이 멈춘 것임을 알아차려야 합니다.

몸의 통증은 잘 먹고 잘 잘 때 회복되듯이 삶의 고통은 성경 말씀을 묵상하고 기도하면서 하나님의 뜻 가운데 맡길 때 회복됩니다. 분주한 삶으로는 이런 과제를 해결할 수가 없습니다. 되도록 불필요한 관계와 중요하지 않은 모임을 자제하고 나를 돌아보고 회복하고 복구하는 시간으로 보내야 합니다.

저의 이런 철학은 저녁 모임으로부터 저를 자유케 해주었습니다. 저는 회식이나 모임, 동창 모임 등 저녁 모임을 1년에 약 한 번 정도 나갈까 말까 합니다. 나머지는 가정에서 아내와 아이들과 함께 시간을 보냅니다. 아이들을 돌보고 함께 놀아 주고 식사를 하면서 그날의 이야기 등을 두서없이 나누곤 합니다. 저녁 9시가 되면 잘 준비를 하고 10시 전에는 모두가 기도하고 잠을 잡니다. 이러한 지극히 단순한 삶이 저에게 주는 유익이 있습니다. 인생을 복잡하지 않고 단순 명료하게 살도록 인도해 준다는 것입니다.

어떤 사람들은 저에게 "중년이 되었으니 이제는 남들처럼 여가 시간에 골프 같은 운동을 통해서 인맥을 쌓아 보라"고 권유합니다. 그러나 제게는 나름의 신념이 있습니다. 그 운동을 정말 좋아하면 모를까, 인맥을 쌓자고 골프 장비를 사고 필드에 나가고 하면서 돈 쓰는 것이 아깝습니다. 그 돈이면 더 의미 있는 일에 사용할 수 있습니다. 하나님이 연결해 주시는 인맥만으로도 모든 관계가 풍요롭습니다. 굳이 인생의 귀중한 시간을 허비하면서 뭐 하나라도 더 얻겠다고 쫓아다니고 싶지 않다는 생각이 듭니다. 주어진 대로, 맡겨진 대로, 주시는 대로 현재에 충실하며 신앙생활만 잘해도 하나님이 먹여 살리십니다. 또 하루와 한 주의 시간적 여백을 하나님을 위해 드리고 나를 사용해 주실 준비를 하면서 기다려야 합니다. 그러면 하나님이 사용해 주실 시간이 곧 다가올 것임을 깨닫습니다.

늘 하나님이 준비시키시는 대기자로 있다가 "주호야, 저기로 달려가라" 혹은 "저 사람을 만나라" 하시면 즉각적으로 움직일 수 있는 만반의 태세를 하고 싶습니다. 하나님은 이미 제가 저를 위해서 살아간다고 해도 그렇게 되지 않음을 여러 가지 삶의 상황 가운데 느끼도록 해주셨습니다. 제 능력으로 살아가지 못함을 수 없이 경험했습니다. 모든 것이 하나님의 은혜이고 도움이시니 삼라만상의 인생 고민을 하나님께 드리고 하나님의 방법대로 따라가는 것이 고민 없이 단순하게 살아가는 길입니다.

노력하지 말라는 것이 절대 아닙니다. 내가 해야 할 일과 공부와 실천적 삶에 최선을 다하되 그러한 나를 움직이고 이끄시고 지시하는 분이 하나님이라는 사실을 인정해야 한다는 것입니다. 우리는 하나님의 목적과 쓰임에 맞게 준비하고, 그 모든 과정을 하나님의 뜻 가운데 이어 가야 합니다. 그럴 때 하나님이 우리를 통해 열매를 맺고 결과물을 만들도록 인도해 주실 것이라 믿습니다.

HOLY
BODY

PART

2

건강한 삶, 하나님의 임재

06 CHAPTER 선교도 몸으로 합니다

음식을 먹은 후에 몸에 좋은 것을 흡수시키고 나쁜 것을 배출시키는 최고의 방법은 바로 운동입니다. 유산소 운동은 우리가 어떤 음식을 먹어도 섭취한 음식의 노폐물을 대소변과 함께 운동을 통한 땀으로 몸 바깥에 내보내는 역할을 합니다. 근력 운동도 마찬가지입니다. 음식을 에너지로 전환해 신체 활동 및 운동하는 내내 몸 내부에서 에너지원으로 소모시킵니다. 결국 "쓰면 뱉고 달면 삼킨다"는 말처럼, 하나님이 설계하신 완전하면서도 영리한 우리 몸은 운동이라는 특별한 고급 필터를 통해 몸에 좋은 것은 흡수하고 나쁜 것은 배출합니다. 음식을 먹고 가만히 있으면 몸에 군살이 생기고 몸이 무거워지고 살이 찌게 됩니다. 하지만 먹고 나서도 운동을 꾸준히 하면 군살이 아닌 근육이 만들어지고 살이 빠지고 건강해집니다.

신앙생활도 이와 같습니다. 예배에서 넘치도록 말씀을 먹고도 삶의 모습 가운데 말씀의 실천(운동)이 없으면 영적 비만자가 되고 삶이 나태해지고 결국 신앙의 삶 자체가 피폐해집니다. 말씀의 깨우침이 있었다면 그 깨우침을 실천해야 합니다. 그래야 영적으로 건강한 삶을 살 수 있습니다.

> 12 그러므로 형제들아 우리가 빚진 자로되 육신에게 져서 육신대로 살 것이 아니니라 13 너희가 육신대로 살면 반드시 죽을 것이로되 영으로써 몸의 행실을 죽이면 살리니 롬 8:12-13

운동을 해도 몸이 바뀌지(살아나지) 않는 것은 '죽도록 운동하지 않아서'이며 열심히 살아도 삶이 변하지 않는 것 또한 '죽도록 간구하고 매달리지 않아서'입니다. 내가 스스로 살아 보려고 발버둥을 할수록 삶은 더욱 나락으로 떨어집니다. 삶의 주관자이신 하나님에게 나의 삶과 생계를 맡기고 하나님이 나에게 주신 이 세상에서의 목적을 발견하고 깨달음으로 그 뜻에 따라서 살아야 합니다.

크리스천은 하나님 나라를 알리는 공인

저는 오랫동안 수많은 연예인의 트레이너로 활동해 왔습니다. 그러다 보니 한류스타라고 불리우는 연예인들의 영화 촬영 현장,

콘서트 현장에서 그들과 함께하는 일이 많았습니다. 그들의 삶의 현장을 들여다보면서 연예인들은 많은 대중에게 영화나 드라마, 노래의 메시지를 통해 행복을 전하는 일을 하는 사람들이라는 생각이 들었습니다. 그런 일이 소위 '공인'의 역할이라는 것을 알았습니다.

특히 대중에게 많은 인기를 얻는 연예인들에게는 그만한 이유가 있어 보였습니다. 그들은 자신에게 맡겨진 일을 할 때 밤을 새워 가며 연습에 연습을 합니다. 대본을 읽을 때도 온 힘을 다해 감정을 몰입합니다. 이렇게 노력해도 그중에 대중을 감동시키는 작품은 간신히 하나 나올까 말까 합니다. 한 해에 영화가 100편 나오면, 그중 겨우 다섯 편 정도가 흥행하고 나머지는 외면을 받는다고 합니다. 그렇다고 좌절할 새가 없습니다. 연예인들에게는 그들을 기다리는 팬들이 있기 때문에 또 쉴 새 없이, 새로운 마음과 각오로 다음 작품을 준비합니다. 사람들이 감동할 만한 연기를 준비합니다.

이것은 우리 크리스천이 정말 배워야 할 삶의 자세라고 생각했습니다. 내가 하는 일을 하찮게 여기면서 헛된 것을 꿈꾸는 것이 아니라, 현재 니에게 주어진 자리에서 최선을 다해 성실히 임무를 수행해야 합니다. 거기가 아르바이트 자리이든, 고시 공부를 하는 자리이든, 어디든 상관 없습니다. 오늘 만나는 사람에게 최선을 다해 친절을 베풀고, 또 작은 성경 문구라도 미리 출력해 두었다가 전해 줄 수도 있습니다. 그렇게 선한 하나님의 영향력을 전하는 하나님의 공인이 되어야 합니다.

어떤 사람은 연예인처럼 세상에서 명예를 갖고 스포트라이트를 받고 있는 사람들을 보면서 상대적으로 그렇지 않은 자신을 작게 여기고 무가치한 인생이라 생각하곤 합니다. 저들에게는 수천, 수만 명의 팔로워가 있지만 나는 그렇지 않으니 사는 것도 의미가 없다고 여기는 것입니다. 그러나 절대 그렇지 않습니다.

저는 크리스천이 하나님 나라를 알리는 공인으로서의 역할을 해내야 한다고 생각합니다. 내 말과 행동과 삶의 모습을 통해 수많은 사람이 하나님을 볼 수 있어야 합니다. 사실 우리는 수많은 감시자 사이에서 살고 있습니다. 누군가가 하나님을 믿는다고 하면 '얼마나 잘하는지 보자' 하는 것입니다. 그러다가 무엇 하나 잘못된 행동을 하면 "하나님 믿는다는 사람이 그러면 돼?" 하는 것입니다. 이런 것을 보면 믿지 않는 사람들은 하나님을 믿지 못하겠다고 말하면서도 실제로는 크리스천들이 정말 믿음대로 사는지 기대하고 있다는 것을 역설적으로 말해 줍니다.

그러다 보니 일부 크리스천의 잘못된 행동이 좋지 않은 이미지를 만듭니다. 하지만 제가 보기에 이것은 믿지 않는 사람들이 나를 보는 시선을 통해 하나님을 믿도록 할 수 있는 엄청난 기회인 것입니다. 마치 산 깊숙이 묻혀서 가치를 발견하지 못한 다이아몬드의 원석과 같습니다. 저는 크리스천들이 본질적인 삶의 예배를 통해 불신자들에게 믿음을 전하기를 바라고 기도합니다.

세상은 어떤 종교에 속한 사람보다 하나님 믿는 사람의 타락과 부정에 가혹합니다. 우리는 그러한 사람들의 기대를 저버려서는 안됩니다. 단순히 교회를 잘 출석하고 예배 잘 드리는 것보다 더 중요한 것은 나의 말과 행동과 삶의 모습이 과연 하나님을 믿는 사람의 모습인가입니다. 그것을 오늘 다시 들여다보고 만약 그렇지 않다면 회개하고 반성하고 재정비하는 시간을 가져야 합니다. 본질적인 시작점부터 고침을 받도록 해야 합니다.

그런 세상 앞에 우리는 건강한 영·혼·육을 입고 건강한 인생을 살아야 할 필요가 있습니다. 제가 강의 때마다 빠트리지 않고 하는 말이 있습니다. "우리는 믿음의 자녀답게 '복근'을 길러야 합니다!" '복'의 '근'원이 되신 하나님을 알고 깨닫고 믿고 하나님의 뜻에 따라 살아가는 영적인 몸이 되어야 한다는 말입니다. 그런데 이게 영적인 복근만 두고 말하는 것은 아닙니다. 육의 복근도 함께 길러야 합니다. 그래야 그 체력으로 믿음생활도 건강하게 할 수 있습니다.

신체 운동처럼 신앙의 운동은 성경 말씀을 생명의 양식으로 먹고 기도와 묵상으로 하나님을 알고 믿는 것으로만 끝내서는 안 됩니다. 이것은 마치 나혼자 잘 먹고 잘 살다가 하나님을 믿고 얌체처럼 혼자 천국 가는 것과 다를 바가 없습니다. 우리는 잘 먹고 잘 자고 운동하면서 활발한 신체 활동을 하듯이 나를 향한 더 크고 넓은 하나님의 뜻을 알고 세상으로 뛰어나가 말씀을 실천하고 살아야 합니다. 이것이 몸이 건강해지는 잘 먹고 잘 자고 잘 운동하는 기본 원리임과 동시에 말씀을 잘 먹고 잘 기도하고 잘 실천하는 건강한 영성의 기본 원리입니다.

선교는 몸으로 하는 것

하나님을 향한 소명으로 우리가 하는 모든 행위, 즉 먹고 마시고 자고 숨 쉬고 운동하는 모든 것이 예배입니다. 그렇지 않다면 예배도 찬양도 기도도 묵상도 헛된 망상이 될 수 있고 본질이 아닌 형식에만 치중하는 메아리가 될 수 있습니다.

많은 크리스천이 전도와 선교는 영혼으로 하는 것이고, "내 몸은 내가 알아서 합니다"라고 말합니다. 그러면서 바쁘다는 핑계로 몰아서 과식과 폭식을 하고 야식을 즐깁니다. 잠을 제대로 못 자니 항상 피곤해합니다. 요즘 주변을 보면 활기차게 시작해야 할 아침부터 피곤하고 이미 지친 상태로 시작하는 분들이 많습니다. 밤잠을 잘 못 자기도 하고 그간의 누적된 피로가 하루의 수면으로는 충분히 보상되지 않은 이유이기도 합니다. 커피를 좋아하는 분들을 보면 체력이 떨어져서 하루에도 몇 잔씩을 마셔야 버틴다는 말을 합니다. 마치 영혼만으로 살아가는 사람처럼 말입니다.

이런 상황에서 내 몸은 내가 알아서 한다는 식이어서는 곤란합니다. 이것은 믿음이 없는 사람의 모습일 수 있습니다. 엄밀히 따져 보면 내 몸도 내 것이 아니기 때문입니다. 우리의 몸은 하나님이 쓰시는 선교의 도구입니다. 유한한 몸으로 무한한 성령님을 건강하지 않은 제약된 몸의 상태에 감금시키지 않으려면 몸 성전의 건강이 얼마나 중요한지를 알아야 합니다. 그래야 하나님이 주신 선교적 사명을 잘 감당해 나갈 수 있습니다. 선교는 영혼으로만 하는 것이 아닙니다. 실제적인 몸이 있어야 할 수 있습니다(고전 15:44).

육도 육의 육이 있고 영의 육이 있습니다. 내 본능대로 살아가는 삶이 육의 육이라면 내 안에 살아 계시는 성령님께 순종하며 따라가는 삶을 사는 육은 영의 육입니다. 같은 현상을 보아도 다른 생각과 말과 행동을 합니다. 삶의 태도가 다릅니다. 선하신 하나님의 뜻대로 살려고 노력합니다. 그래서 선교도 복음을 전하는 것도 영적인 몸으로 하는 것입니다. 그래서 이렇게 중요한 몸을 아무렇게나 방치하면 안 됩니다.

그동안 선교단체의 요청으로 선교사님들 앞에서 강의를 많이 했습니다. 그러면서 제가 알게 된 게 있습니다. 선교사님들이 한국으로 돌아오는 이유를 보면 선교적 사명이 다해 오는 분보다 몸이 아프거나 체력이 소진되어 오는 분이 더 많다는 것입니다. 선교란 무엇인가를 생각해 보지 않을 수가 없습니다. 존 스토트(John Stott) 목사님은 선교란 곧 전도, 대화, 구원, 회심이라고 했는데, 이 모두가 결국은 내 몸이 있어야 할 수 있는 것입니다. 몸이 건강해야 전도도 하고 메시지도 전할 수 있는 것 아닐까요? 우리는 선교지와 선교의 대상에게 달려갈 수 있는 건강한 몸이 필요합니다.

사실 목회와 체력의 관계는 저조차 생각해 보지 못했던 부분입니다. 그런데 그동안 하용조 목사님을 비롯해서 횃불트리니티 신학교 총장이셨던 김상복, 이정숙 목사님, 한동대학교의 김영길 총장님, 소망교회 김경진 목사님, 미주장신대학교의 이상명 총장님, 상당교회의 안광복 목사님, 고든콘웰신학교의 데니스 홀린저 총장님, 덴버신학교의 마크 영 총장님과 정성욱 교수님에 이르기까지 너무 많은 분이 제 활동과 신앙을 보면서 비전을 알려 주셨습니다. 김상복 목사님이 그런 말씀을 해주었습니다. "나는 평생 영혼의 구제와 구원을 위해 배웠고 가르쳤고 설교해 왔다. 할 일을 다 마쳤다고 생각했는데 나이가 들어서 이제야 육을 빠뜨린 것을 깨달았다. 하나님은 우리에게 몸을 주셨고 몸이 곧 영인데 몸을 몸으로만 인식했다. 교회와 목사들이 다 옛날부터 지금까지 그 생각과 관념에서 벗어나지를 못하니 주호 형제가 다음 세대로서 이 일을 해야한다"고 말입니다. 이렇게 믿음의 큰 선배님들이 용기를 주시니 더욱 확신을 갖게 되었습니다. 몸은 선교의 도구입니다.

우리의 울타리를 넘어서

제가 복음을 전해야 하는 자로서 체력의 필요성을 체감한 사건이 있습니다. 아프리카 케냐로 단기 선교를 떠난 적이 있습니다. 당시 케냐 나이로비에 있는 카바락대학교 학생들을 모아 청년집회를 했습니다. 사실 가기 전까지만 해도 '내가 가서 뭘 할 수 있겠어?' 하는 생각이 컸습니다. 이방인이 하는 말 한마디가 과연 그들에게 얼마나 큰 영향을 끼칠 수 있을까 싶었던 것입니다. 기대 반, 걱정 반으로 케냐 땅을 밟았습니다.

그러나 걱정이 무색하게, 그곳에서의 예배는 감동 그 자체였습니다. 우리가 준비한 무대를 보고 다 같이 호응해 주었고, 급기야는 청년들이 모두 무대 위로 올라오는 바람에 급하게 장소를 옮기는 해프닝도 벌어졌습니다. 수천 명의 청년이 성령님께 취해 함께 기쁨으로 춤을 추고 노래했습니다. 그야말로 열광의 도가니였습니다.

이후 현지 청년들과 소그룹 단위로 대화하는 시간을 가졌습니다. 그때 그들이 그런 이야기를 해주었습니다. 자기들과 아무 상관도 없고 피 한 방울 섞이지 않은 외국인이 직장에 휴가를 내고 비용을 들이면서까지 자신들을 만나러 이 무너운 곳에 와 준 것이 너무 고맙다고 말입니다. 우리가 전한 메시지도 메시지지만, 그것과 더불어 불편한 곳에서 잠을 자고, 입에 맞지도 않는 음식을 먹어야 하는데도 불평하지 않는 선교팀의 모습에 감동받았다고 했습니다.

이때 제가 깨달은 것이 있습니다. 하나님의 일은 시원하게 에어컨을 켜고 소파에 앉아 핸드폰으로 선교헌금을 이체하는 것이 아니라, 몸으로 직접 하는 것입니다. 하나님이 주신 육신을 일으켜 어렵고 힘든 형제와 자매를 찾아가 위로하며 동행하고 응원하는 것이 진짜 선교입니다.

이러한 몸의 선교를 본보기로 보여 주신 분이 바로 예수님입니다. 예수님은 신이지만 이 땅에 오셔서 직접 손을 들어 아픈 자들을 치료해 주셨습니다. 예수님은 딱 한 번 백부장의 병사를 고치는 일 말고는 몸소 찾아가서 치유의 역사를 나타내셨습니다. 아픈 자들을 어루만지고 함께 울고 웃으며 치료해 주셨습니다. 그리고 예수님의 사역은 전 세계가 아니라 이스라엘이라는 작은 지역에서만 이루어졌습니다. 그 이후는 제자들에게 맡기셨습니다. 예수님이 전 세계를 가실 수 없어서 그렇게 하셨겠습니까? 아닙니다. 직접 가서 선교하는 기쁨을 우리가 누리기를 바라신 것입니다.

글로벌 시대라 비행기로 하루 안에 못 가는 곳이 없고 소통 못 할 사람이 없습니다. 마치 지구가 작아진 것처럼 느껴질 정도로 온 세상을 볼 수 있는 시야가 우리에게 생겼습니다. 그런 시대에 살고 있는데도 여전히 내가 속한 지역에서만 머물고 있지는 않습니까? 물론 우리 동네, 일터, 학교도 선교지입니다. 그러나 때로는 좀 더 적극적으로 나가 볼 필요도 있습니다. 다시 한번 강조하지만, 선교는 몸으로 하는 것입니다.

　2010년 당시 고든콘웰신학교의 총장이던 데니스 홀린저 목사님이 저를 불러 준 적이 있습니다. 그때 그분이 제게 "이 시대의 목사는 더 이상 교회라는 울타리 안에 있는 사역을 해서는 안 되며, 울타리 밖 드넓은 세상에서 목회적 소명을 가지고 사람들을 향해 나아갈 수 있는 사람이어야 한다"고 말씀하며 저서인 《Heart, Head, Hand》를 선물해 주었습니다. 하나님의 마음을 품은 사람은 그 뜻을 담아 삶의 손으로 하나님의 사랑을 전해야 한다는 뜻입니다. 그 책이 아직 제 책장에 꽂혀 있습니다. 볼 때마다 그날의 메시지를 기억하고 마음을 다잡습니다.

세상에서 작은 예수로 살려면

　세상의 모든 이치와 삶 자체에 옳고 그른 판단의 잣대를 대자면 사실 복잡하고 이해하기 어렵고 고심이 되고 잠도 못 자고 건강을 잃을 만큼 힘이 들 수가 있습니다. 학교에서, 가정에서, 일터에서 만나는 사람마다 얼마나 다양하고도 특이한지 모릅니다. 그런 사람들과 대화하고 얽히면서 생기는 상황이 얼마나 다양하고 복잡할까 생각만 해도 머리가 어지럽습니다. 이럴 때 어떤 상황에 놓아도 사용할 수 있고 올바른 판단과 결정을 할 수 있도록 돕는 기준이 있다면 그것은 정말 인생의 참 보물과 같을 것입니다.

저는 이것이 하나님의 말씀이라고 믿습니다. 하나님을 아는 것이 인생에 가장 큰 지식이며 하나님을 믿는 것이 인생의 가장 큰 지혜라고 믿고 살고 있습니다. 이보다 더 큰 지식과 지혜가 이 세상에는 존재하지 않습니다. 이러한 지식과 지혜는 내가 어떠한 어려움과 시련의 상황에 처하더라도 올바르고도 선한 방법과 결론으로 이끌어 줍니다. 이것은 나와 동행하시며 나를 이끌어 주시는, 영원한 멘토이신 하나님을 통해서만 이루어지는 것입니다.

예수님의 제자들은 예수님께 3년간 특별한 교육과정을 이수하고 졸업장을 받아 학위를 인정받고 자격증을 취득해서 선교와 전도를 위해 활동한 사람들이 아닙니다. 그저 예수님을 따라다니며 예수님의 삶과 동행한 것입니다. 예수님이 행하신 기적 그리고 설교에서 감동받은 몇 사건을 통해 멀리서 예수님을 동경하고 따라다니는 군중이 아니고 예수님과 함께 밥을 먹고 자고 걸어 다니고 이야기를 나누면서 보낸 시간이 절대적으로 더 많은 사람들입니다.

저는 4복음서를 보면서 그런 제자들이 너무도 부러웠습니다. 3년간 예수님과 동고동락하면서 쌓은 소소한 추억이 얼마나 많았을까요. 모르긴 해도 4복음서 분량의 100배도 넘을만한 상황이 있었을 것입니다. 예수님은 미션을 달성하기 위해 오신 로봇이 아니셨기에 평소에 웃으며, 대화하며, 맛있는 음식을 먹으며, 춤을 추며, 노래하며, 때로는 유익한 농담도 하시면서 제자들과 추억을 많이 쌓으셨을 것입니다.

　우리가 무엇을 배운다는 것은 어느 기간 동안에 어떤 책을 독파하거나 교육과정에 들어가서 마치는 것이 아닙니다. 누구와 함께 살면서 서로에게 어떤 영향을 주고받고 마음이 성장하느냐에 달려 있다고 생각합니다. 제자들은 바로 그 예수님의 행동과 말을 따라하고 마음도 닮기 위해 노력하면서 점점 작은 예수가 되어 갔던 것입니다.

　변화를 기대합니까? 그렇다면 단시간에 이루어질 것을 기대하지 말고, 예수님의 제자처럼 삶 자체를 하나님과 동행하는 시간으로 보내려는 노력이 필요합니다. 더불어 누군가를 변화시키고 싶다면 삶으로 그들에게 찾아가야 합니다. 삶 전체로, 즉 내 몸으로 복음을 드러내 보여 주어야 합니다. 저는 어떤 사람의 말보다는 그 사람의 삶의 습관, 삶의 과정에 더 큰 의미를 둡니다. 사람의 마음 속을 들여다볼 수는 없으니 그 사람이 어떤 삶의 방향성을 두고 있는지를 보는 것입니다. 생각은 알 수도 없고 말은 지어낼 수도 있지만 사소한 삶의 모습은 결국 드러나기 때문입니다. 그래서 내 영혼 뿐만이 아닌 내 몸이 곧 성전이며 교회임을 자각하고 내 몸 된 교회가 무엇을 원하는지 이디에서 무엇을 해야 할지를 주 안에서 찾아야 합니다.

우리는 모두 양의 탈을 쓴 늑대

너무나도 풍족한 시대를 살아가고 있습니다. 그래서인지 우리는 주변에서 도움이 필요한 사람들의 절규와 탄식을 미처 듣지도, 보지도 못하며 오늘을 살아갑니다. 따뜻한 집안에서 추위에 떨고 있는 사람들을 생각해 보지 않거나 맛있는 밥과 반찬이 올려진 식탁에서 끼니를 굶어야 하는 사람들을 떠올리지 않거나 유유히 차를 타고 이동하면서 하루 종일 걸어야 물을 떠 마실 수 있는 사람들의 삶이 있다는 것을 외면하고 살아간다면 그것은 단순한 상황의 문제가 아닙니다.

하나님이 왜 이 땅에 예수님을 보내셔서 가난하고 병든 자, 고아와 과부 같은 소외된 자들을 돌보셨는지, 왜 인간의 옷을 입고 몸소 그들을 돌보는 모습을 보이려고 하셨는지를 알지 못하는 것과 같습니다. 신앙생활의 열정이 식었다는 말보다 믿음이 사라지고 있다는 표현으로 대체해도 될 만큼 심각한 영적 무감각이라고 볼 수 있습니다. 전도는 하나님을 알리는 것이지만 우리 크리스쳔이 살아야 할 방향은 단순 전도가 아니라 총체적인 선교가 되어야 합니다.

1975년 존 스토트 목사님은 《선교란 무엇인가?》에서 선교를 전도와 대화, 구원, 회심이라는 틀로 설명하고 정의했습니다. 선교는 하나님이 우리 모두에게 지시하신 일의 전체이며 전도는 믿지 않는 사람들에게 하나님을 알리는 것입니다. 대화는 하나님을 구체적으로 전하는 메시지에 해당하며 구원은 하나님을 믿음으로 인해 자유케 되는 것이고 회심은 이 모든 것이 하나님의 은혜로부터 되었다는 것을 인정하는 것입니다. 내가 크리스천이라면 이와 같은 선교와 전도의 영역에 관해서 인지하며 깨닫고 배우고 실행할 수 있어야 합니다. 이를 위해서 궁극적으로 우리 모두는 아이이든 학생이든 직장인이든 주부든 자영업자든 사업가든 경찰이든 노인이든 할 것 없이 모두가 양의 탈을 쓰고 양에게 다가가는 늑대처럼 살아가야 합니다.

저 역시도 세상에서는 트레이너로 살아가지만 하나님이 보시기에는 트레이너의 탈을 쓴 선교사로서 이 땅에 보내어졌다는 사실을 늘 기억합니다. 선교에 내 인생을 드리는 것이 하나님이 주신 저의 소명임을 믿습니다. 우리 모두는 양의 탈을 쓴 늑대이며 각자의 직업의 탈을 쓴 선교사임을 한시도 잊어서는 안 됩니다.

하나님이 주신 비전을 향하여

해마다 경제는 어려워지고 먹고 살기가 빠듯해지고 있습니다. 각박해진 세상만큼 사람들은 다른 사람을 대할 때 그 사람의 외모, 키, 체격, 옷차림, 타고 온 차, 말투, 사는 지역, 교육 수준, 직업, 연소득 등을 고려하며 어울립니다. 나와 비슷한 수준의 사람인가 아닌가에 초점을 맞추며 가까이 다가가거나 또는 교양 있고 예의

바르게 거리를 둡니다.

　이것은 불신자들의만의 이야기가 아닙니다. 교회를 다니지만 하나님을 믿지 않는 크리스천들도 그렇습니다. 무늬만 크리스천들은 교회의 옷을 입고 다니지만 정작 옷 안에는 냄새가 나고 때가 새까맣게 쌓인 몸으로 다닙니다. 하나님 안에서 가족이며 형제요 자매라고 입버릇처럼 말하지만 실제는 하나님의 형상대로 창조된 우리가 같은 모습을 하고 있는 사람들을 말로나 행동으로도 사랑하지 않습니다.

　과거 캐나다 밴쿠버에서 생활한 적이 있습니다. 한번은 매트로타운(Metrotown)에서 서리(Surrey)까지 스카이트레인을 타고 가다가 특별한 경험을 했습니다. 제 앞에 목욕을 몇 년간 안 한 것 같은 초라한 행색의 캐네디언이 들어와 앉았습니다. 누가 봐도 노숙인 차림이었습니다. 그런데 곧이어 다음 역에서 탄 승객들이 그 캐네디언의 바로 왼편과 오른편에 거리낌 없이 앉는 것이 아니겠습니까? 냄새도 나고 더러웠을 텐데 왼편에 앉은 주부는 아무렇지도 않은 듯 편안하게 앉아서 그 캐네디언이 하는 맑은 날씨에 대한 이야기도 자연스럽게 응수하며 몇 정거장을 갔습니다.

　한국에서 오래 살아 온 제게 그 모습은 문화충격이자 지금은 신앙충격이 되고 있습니다. 지금 내 주변에 어떤 사람들이 나에게 손을 뻗고 도움을 요청하는지를 기다리기 전에 먼저 내가 그들이 누구인지에 관심을 기울여야 합니다.

하나님의 사랑은 계산적인 것이 아닙니다. 내가 얻을 이로움을 생각하면서 베푸는 선의는 선의가 아니고 마음의 거래입니다. 제가 그동안 운동을 통해 만나 본 많은 사람 중에는 재벌이나 대통령의 가족도 있었고 달동네 판잣집 같은 곳에 살며 생계가 막연한 처지의 사람도 있었습니다. 박사와 교수 같은 학식이 있는 분도 있었고 초등교육 정도만 받은 성인도 있었습니다. 몸이 건강한 사람도 있었지만 자신의 몸을 가눌 수 없이 불편한 장애인도 있었습니다.

하나님은 우리의 어떠함과 상관없이 우리 모두를 사랑하십니다. 아니, 어쩌면 사람들이 돌아보지 않고 돕지 않는 사람들을 하나님은 더 조명하시고 도맡아 돌보십니다. 그래서 하나님은 이 땅에 예수님을 보내 주셨습니다. 우리는 이러한 하나님의 선하고 순수하신 사랑의 의도와 목적을 알아야 합니다. 그리고 예수님의 제자가 되기 위해 지금부터라도 내 주변을 살펴야 합니다. 도움을 요청하기 전에 먼저 그들에게 손을 내밀어 주어야 합니다. 하나님은 내가 어디에 속해 있든 소외되고 어렵고 고통 중에 있는 사람들을 돌보고 도우며 동행하기를 바라십니다. 그것을 아는 사람은 은혜의 사람이고 축복의 사람입니다.

현대의 문명화된 사회에서 돈과 명예를 좇으며 쉽고 편안하게 살면서 눈에 보이는 많은 것을 누릴 수 있는 방법을 잘 알고 있음에도 왜 우리 믿음의 사람들은 내가 소유한 것, 궁극적으로는 나를 부인하고 봉사와 희생을 통한 선교를 고민해야 할까요? 더 이상 그것은 고민 거리가 되어서는 안 됩니다. 창조주 하나님이 나에게 주신 사명이고 명령임을 알아야 합니다. 나에게 주어진 모든 기회와 물질과 소유는 내가 이 땅을 떠나는 순간 고스란히 내 손을 떠납니다. 그야말로 빈손으로 왔다가 빈손으로 가는 격입니다. 자녀에게 주어질 유산도 자녀가 나이가 들어 이 세상을 떠나면 자녀의 소유가 아닙니다.

우리는 우리가 알지 못하는 다음 세대에게 물질을 남겨서 어떤 결과가 일어날지 예측할 수 없습니다. 그 물질로 선한 일을 할지 악행을 저지를지 알 수가 없습니다. 부를 더 축적할지 탕진할지 알 수도 없습니다. 우리가 후세에게 남겨야 할 유산은 믿음의 유산밖에는 없습니다. 더는 어려운 계층을 돕지 못하는 부끄러운 부자, 가난한 부자들이 편안하게 설교를 관람하러 교회에 오면 안 됩니다. 내가 사는 동안에 주어진 환경과 물질을 하나님께 드리고 헌신하는 삶이야말로 이 세상에서 예수님의 제자로 살아가는 유일한 길입니다.

07 CHAPTER

몸이 바뀌면 삶이 바뀝니다

　누군가 제게 '사람은 무엇으로 사는가?'를 묻는다면 저는 주저 없이 '하나님이 주신 몸으로 사는 것입니다!'라고 답할 것입니다. 그런 이유로 저는 '몸의 건강'이라는 한 분야에 뛰어들어 지금까지 올 수 있었습니다. 처음 제 나약한 몸을 키워 보겠다고 시작한 운동이 생각지 못하게 나약한 마음까지 담대하고 자신감 있게 회복해 주는 것을 경험하면서 몸과 마음이 연결되어 있다는 것을 깨달았습니다. 그 이후로 사람들의 몸과 더불어 마음까지 멋지게 만들어 주는 일에만 집중했습니다.

　제가 현재 하고 있는 일은 사람들의 건강을 돕는 일입니다. 단순히 근육을 키우고 늘씬한 몸매를 만드는 데에서 그치지 않습니다. 많은 사람을 만나 코칭하다 보면 성인병이나 잘못된 생활 습관으로 인한 질병에 괴로워하는 분들도 있고, 생사의 기로에 놓인 암 환자나 불치병으로 고통받는 분들도 만납니다. 최근에는 우울증과 같이 정신적 고통을 받고 있는 분들이 상당히 많이 센터를 방문해 주고 있습니다. 그뿐 아니라 장애를 가진 분들도 많이 만납니다. 저는 이분들이 몸의 질병에서 회복하여 건강하고 아름다운 몸으로 거듭나게 돕습니다. 동시에 마음의 질병에서도 해방되고 치유되도록 돕고 있습니다.

어려움을 갖고 찾아온 분들이 운동과 재활을 해 나가며 몸의 긍정적인 변화를 경험하고, 그 변화가 마음으로 전이되어 건강한 마음으로 치유되는 현상을 수백 건의 경험을 통해 알게 되었습니다. 이것이 단순한 호르몬의 발생이나 공급(이러한 신체 내의 화학작용이나 대사도 우리의 몸을 만드신 하나님의 섭리입니다)뿐만이 아닌 하나님의 놀라우신 치유의 계획이 몸과 마음의 연결 가운데 있음을 성경을 통해 발견했습니다. 운동을 배우면서 몸의 근력이 붙고 근육이 성장하고 건강이 회복된 고객들이 마음의 활력과 기쁨을 얻는 것을 보면서 보람을 느낍니다.

일상을 아름답게 살아갈 수 있도록

저는 어렸을 때부터 운동에 대한 집요하고도 지속적인 관심 덕분에 건강과 신체 운동 그리고 자기 계발서를 비롯한 마음 건강에 관한 수많은 책을 읽었습니다. 전공 외에도 세미나와 연수 등을 통해 국내외의 교육과 학위 및 자격을 취득하며 몸과 마음의 건강에 관련된 교육과정이라면 무엇이든 빠지지 않고 배우려고 노력했습니다. 그 결과 수년간 태권도, 유도, 검도, 클라이밍, 테니스, 수영, 서핑, 골프, 마라톤, 사이클링 등의 신체 운동을 해 왔고, 현재는 피트니스에 이어 질병 예방과 재활, 헬스 케어까지 고려한 몸의 전반적인 건강을 이해하는 코칭을 해오고 있습니다. 운동 심리와 동기부여를 위한 멘토링까지 아우르며 수년간 심리상담 분야의 전문가들과 논의를 거쳐 메디컬적 상담 교육에 이르기까지 몸과 마음의 균형 있는 총체적인 건강인 Wellness(웰니스)를 추구하고자 달려왔습니다. 하지만 제 마음속 깊은 곳에서는 여전히 더 혁신적인 운동 방법과 사람의 마음을 움직이는 방법에 대한 갈망이 끊이지 않았습니다.

20대에 트레이너를 시작하면서 만난 고객 대부분은 제 나이 또래의 20대들이었습니다. 그들이 운동하는 목적은 간단했습니다. 몸을 예쁘게 만들지는 것입니다. 남성들은 넓은 어깨와 두툼한 팔근육을 원했고, 여성들은 볼륨 있고 탄탄한 바디라인을 원했습니다. 30대가 되어 30대를 만나 보니 이성을 위해 더 멋진 체형을 만들고 싶어 하는 절정기의 노력이 있었습니다. 40대가 되어 만난 40대들은 지난 청년 시절의 몸 만들기는 포기하고 생계형 체력을 만들기 위해, 또는 생존형 체력을 만들기 위해 운동을 합니다.

50대가 넘어서 만난 중년에서 노년에 이르는 분들은 당장 건강을 회복하지 못하면 안 되는 여러 이유를 가지고 운동을 합니다. 최근 저희 센터에 70대 할아버지가 찾아오셨습니다. 할아버지의 할아버지 할머니는 70대에 돌아가셨는데, 정작 본인이 70대가 되고 보니 앞으로 30년은 더 살 것 같다고 하셨습니다. 백세시대에 조금이라도 더 건강하게 살고 싶어서 운동을 결심하신 것입니다.

우리 몸이 성전이지만, 안타깝게도 나이가 들수록 몸을 쓰기는 점점 힘들어집니다. 조금만 무리해도 다치기 십상이고 한 번 다치면 회복도 더딥니다. 몸을 잘 관리하고 유지해야 함에도 내 것인 양 내 마음대로 사용하고 무리하게 혹사하기 때문입니다. 40대까지는 부모로부터 물려받은 유전적 요소가 건강을 좌우한다면, 중년 이후로는 개인의 노력에 따른 후천적 요소가 몸의 상태를 책임집니다. 대부분 사람이 청년기에는 물려받은 건강만 믿고 몸 관리를 하지 않습니다. 그리고 그러한 상태로 중년을 맞이합니다. 그러다 보니 노후의 소중한 시간을 아름답게 보내지 못합니다.

건강한 몸도 중요하지만, 더 중요한 것은 건강한 생활입니다. 우리가 건강한 몸을 만드는 이유는 건강하게 생활하기 위해서입니다. 그래서 저는 재활의 목표를 항상 ADL(Activies Daily of Living)에 둡니다. 기본적인 생활을 할 수 있는 단계의 신체 움직임을 만들어 내는 것입니다. 세수를 하거나 이를 닦거나 샤워할 때는 그것에 맞는 동작이 필요합니다. 그리고 그 동작을 취하기 위해서는 팔과 손의 근육이 뇌의 명령을 잘 따라 주어야 합니다.

예를 들어 높은 찬장에 있는 접시를 꺼낸다고 해봅시다. 뇌에서 팔 근육은 물론, 목, 등, 다리를 비롯한 몸 전체에 신호를 보냅니다. 그러면 다리 근육에 힘이 들어가고, 때로는 원하는 높이에 이르기까지 까치발을 들기도 합니다. 목을 길게 빼 그릇을 보고 팔을 들어 그 그릇을 잡아 꺼냅니다. 이때 몸이 따로 놀면 곤란합니다. 내 온몸의 근육이 하나 되어 목표물인 접시 하나를 꺼내기 위해 집중된 동작의 움직임을 온전히, 안전하게 완수할 수 있어야 합니다.

하지만, 동결건(Frozen Shoulder, 오십견)이 있거나 거북목 증후군(Forward Head Posture)이거나 디스크가 있다면 간단한 접시 꺼내는 일조차도 큰 모험이며 위험이 될 수 있습니다. 이런 사소한 동작들도 내 몸이 온전한 상태가 아닌 상황에서는 큰 사고나 부상으로 이어져서 며칠, 몇 달 또는 몇 년간 고생하고 후유증을 앓기도 합니다. 그래서 재활 운동은 이러한 기본 생활에 필요한 생존근육, 즉 생계근육을 만들기 위한 운동으로 설계가 되어야 합니다. 그 시작은 대상의 생활 습관과 성별, 나이, 직업, 환경 등을 고려한 신체의 움직임을 파악하는 것에서부터 시작해야 합니다

동기부여는 대중적인 방법과 개인적인 방법이 다릅니다. 대중적 방법은 방향성을 제시하는 것인 반면, 개인적 방법은 관심과 애정으로 상대의 마음과 동화되는 것에서 시작해야 합니다. 따라

서 두 사람이 똑같이 비만에서 벗어나고자 하더라도 같은 방법으로 체중을 감량시킬 수는 없습니다.

건강한 몸으로 더 가치 있는 삶을 살길

모두가 운동하며 건강하면서도 아름다운 몸을 만드는 동시에 자신의 건강한 몸으로 주어진 삶 가운데 이전보다 더 가치 있고 의미 있는 일에 자신의 건강을 사용하는 일이야말로 제가 꿈꾸는 건강이며 건강의 올바른 쓰임입니다. 건강의 목표는 단순히 몸의 건강만이 아닙니다. 나의 건강한 체력과 에너지로 남을 돌보는 데에까지 사용되어야 합니다. 나로 인해 누군가의 삶이 개선되어 서로 행복해지는 것까지가 건강의 목표여야 합니다. 나만 잘 먹고 잘살고 잘되는 것을 행복이라고 말할 수 없습니다. 그것은 '자기만족' 정도로 그칩니다. 내가 나를 위해 사는 삶이야말로 공허한 삶입니다. 하나님은 인간을 나만 위해 사는 존재가 아니라 남을 위해 살도록 만드셨습니다. 즉 남을 돕는 것이 나를 위한 길이기도 합니다. 하나님은 남을 사랑함으로써 나 자신을 사랑하는 법을 발견하도록 우리 인간을 만드셨습니다.

강자보다는 약자를, 성공한 자보다는 실패한 자를, 건강한 자보다는 아픈 자를, 가진 자보다는 없는 자들의 마음을 헤아리는 것이 바로 예수님이 이 땅에 오셔서 몸소 우리에게 보여 주신 사역입니다. 그런 예수님을 본받아 평생을 살아간 제자들만 보아도 알 수가 있습니다.

사실 제가 이렇게 생각하게 된 데에는 제 어린 시절의 영향이 있습니다. 제 어린 시절은 그리 밝지 않았습니다. 부모님의 불화와 폭언, 폭행이 별거로 이어지면서 살던 서울을 떠나 천안으로 이사를 가게 됐습니다. 어머니와 저, 여동생은 첫째 이모가 수학교사로 근무하던 천안의 어느 고등학교 근방에 방을 잡아 이모의 도움으로 살았습니다.

저는 늘 자신감이 없었고 자존감은 한없이 낮았습니다. 내성적이고 말수도 적었습니다. 제 감정을 잘 표현하지 못했고, 제 생각이나 의견을 자신 있게 말하기보다 다른 사람의 생각과 말에 눈치를 보곤 했습니다. 그야말로 투명인간처럼 학교생활을 했습니다. 행여 친구들이 나를 싫어하지는 않을까 하는 두려움이 항상 있었습니다. 그래서 늘 조심하려 애쓰고 누구의 비위도 건드리지 않으려고 했던 기억이 납니다. 이런 제 성격은 하나님을 만나기 전인 청년기까지 이어지면서 저를 힘들게 했습니다.

그런데 하나님을 만나면서 사람의 눈치를 보는 성향이 새로운 모습으로 바뀌었습니다. 하나님의 눈치를 보게 되었고, 하나님이 바라보시는 사람들의 눈치를 보게 되었습니다. 그 덕분에 소외되고 어려운 사람들의 마음을 헤아리고 공감할 수 있게 되었습니다. 이것은 정말 예상하지 못했던 것입니다. 하나님의 큰 축복이고 선물임이 틀림없습니다.

각각의 인생은 다 달라 보여도 사실은 동일합니다. 내가 많이 배웠든 그렇지 않든, 많이 가졌든 그렇지 않든 간에 나 혼자 잘 먹고 잘살고 성공하다 죽으라고 인생이 만들어 진 것이 아닙니다. 우리는 모두 남을 위해 만들어진 존재입니다. 하나님은 우리가 타인을 사랑하고 위하며 살아가기를 바라십니다. 아울러서 그들이 하나님의 무한하신 사랑을 깨닫고 살아가도록 우리를 사용하고자 하십니다. 인생의 목적이 거기에 있습니다.

이것을 마치 내가 남들의 행복을 위해 소모되기 위해 만들어 진 존재로 생각한다면 내 인생이 아깝고 무의미해 보일 수 있겠지만 그렇지 않습니다. 하나님은 하나님을 위해 살아가고자 하는 사람들에게 세상에서 줄 수 없는 크고 놀라운 선물을 주시는 분입니다. 그 선물은 죽어서 천국에 가서야 받는 최종적인 상금 같은 것이 아니고 지금 현재를 살면서 하루하루 받는, 무엇과도 비교할 수 없는 하나님의 사랑을 체험하는 순간들입니다. 저는 날마다 하나님이 주신 체험적 간증을 통해 하나님의 사랑을 배우고 살아가고자 합니다.

08 CHAPTER 하나님이 세워 가십니다

요즘은 이단들도 선교 방법으로 운동을 택합니다. 용평의 대형 스키장과 리조트는 통일교가 운영한다고 합니다. 그 사실을 알고부터는 이용하지 않게 되었습니다. 그 밖에도 요가, 단전호흡, 기체조, 명상 등, 이단 신에게 숭배하는 자세 및 이단 영성에 기초를 두는 운동도 많습니다. 몸에 좋다고 분별없이 운동 종류를 택해서는 안 됩니다. 하나님을 만나면 내가 바뀌고 나를 둘러싼 모든 것들에 대해 총체적, 신앙적인 돋보기를 들이댈 수밖에 없습니다.

하나님을 믿는 자로서, 그리고 영·혼·육이 어떻게 연결되었는지를 깨달으면서 이대로 있으면 안 되겠다는 생각이 늘었습니다. 언제까지 크리스천이 요가나 기체조를 하면서 거룩한 불편함을 감내하도록 할 수 없었습니다. 그래서 스타트레인 예배를 만들었습니다.

내 일의 원동력

운동을 지도받는 고객 한 분이 어느 날 질문했습니다. 자기는 지금 하는 일을 계속하다 보니 어느 순간 지겨워지고 매너리즘에도 빠지는데, 저는 어떻게 지금까지 현재의 일을 꾸준히 해올 수 있었느냐고 말입니다. 매너리즘에 빠진 적은 없느냐고 물었습니다.

돌이켜 보면 저도 그런 적이 있습니다. 아마도 29세 무렵이 가장 심했던 것 같습니다. 또래 친구들이 사회에 나가 직장 생활하며 신입에서 주임으로 대리로 직위가 올라가면서 멋지게 양복도 입으며 나름 사회에서 자신들의 위치를 안정적으로 찾아가는 것을 보면서 내심 '나는 뭐지? 나는 어제도 오늘도 내일도 트레이너잖아. 대리도 과장도 아닌 늘 제자리 위치가 아닌가' 하는 생각이 들었습니다. 아무래도 29세라는 나이가 곧 결혼과 가정을 생각해야 하는 나이다 보니 더 그랬던 것 같습니다. 돈을 모아야 결혼도 하지 않을까 싶었습니다. 결혼하려면 전셋집이라도 구해야 한다는 또래 친구들의 말을 들으면서 고민이 깊어졌습니다. '서른 즈음에'라는 노래도 있는데, 서른이라는 나이가 부담으로 다가왔습니다. 게다가 저와 같이 트레이너로 활동하던 선배와 동료들마저 한두 명씩 자동차 딜러나 건설 영업 쪽으로 많이 길을 돌렸습니다. 가끔 만나 보면 한 달에 차를 두 대 팔았는데 웬만한 직장인 월급만큼 벌었다는 둥, 일 년에 몇십 대만 팔아도 여느 대기업 직원 연봉 부럽지 않다는 둥 자랑을 했습니다. 저도 당장 형편을 생각해서 직업을 바꾸어야 하나 유혹이 되었습니다.

하지만 저는 곧 생각을 고쳐먹었습니다. 제가 지금의 일을 오랫동안 할 수 있었던 원동력은 단순한 물질이나 돈이 아니었기 때문입니다. 제게는 중요한 두 가지의 이유가 있었습니다.

첫째, 제 몸입니다. 저는 어린 시절부터 약골이었고 친구들과 어울려 놀기에 체력이 허약했습니다. 그러다 보니 늘 열등감과 비교의식에 빠져 있었고, 자신감 없이 내성적인 아이로 자랐습니다. 이런 제게 운동은 몸의 변화뿐 아니라 생각과 말, 행동까지도 긍정적이고 자신감 있게 바꾸어 준 소중한 은인, 친구와도 같습니다. 제가 하는 일을 통해서 저와 같은 어린 시절과 청소년, 청년기를 보내는 사람들을 도울 수 있기를 바라며 트레이너라는 직업을 택했기 때문에 쉽게 포기할 수 없었습니다.

둘째, 신앙입니다. 만약 제가 하나님을 모르고 믿지 않았다면 제 일은 그저 사람들의 체력을 상승시켜 주고 몸과 마음의 만족감과 위로를 주면서 돈을 버는 생계 활동으로만 국한되었을 것입니다. 하지만, 하나님을 만난 후 저는 제 직업이 하나님이 주신 소명임을 확신할 수 있었습니다.

영·혼·육이 살아나는 센터

174kg의 초고도 비만 이유경 씨를 무작정 찾아가 64kg이라는

정상 체중을 만들어 드렸습니다(자세한 내용은 "9. 죽을 힘으로 일어났습니다"를 참고). 그 이후 영아원, 고아원, 노숙자센터, 알콜중독자센터, 미혼모센터, 탈북자 모임 등 전국 각지를 찾아다니며 운동을 지도하며 아이들과 성인들에게 건강한 몸과 영혼을 위한 삶을 간증하며 위로와 응원을 약 3년간 했습니다.

그 무렵 하나님을 믿고 뜨거워진 마음으로 성경을 펼쳤다가 구약이 너무 어려워서 바로 덮고 고민했습니다. '내 수준에 맞도록 성경을 잘 읽고 그 성경 말씀대로 단순하게 살아가려면 어떻게 해야 할까?' 삼위일체이신 하나님과 예수님, 성령님 중에서 인간의 몸으로 와서 말하고 움직이고 행동하신 예수님의 이야기가 제게 가장 쉽고 명확하게 이해할 수 있는 메시지겠다는 생각이 들었습니다. 그때부터 마태, 마가, 누가, 요한의 4복음서를 약 10독을 하며 예수님의 생각과 말과 행동에 집중했습니다. 그리고 어떠한 삶의 상황이나 결정이 필요할 때마다 '예수님이라면 이런 상황에 어떻게 대처하셨을까?' '예수님의 제자라면 이런 경우에 어떻게 결정했을까?'를 기도하고 생각했습니다. 그러다 보면 결론은 생각보다 단순하고 늘 명확했습니다. 그 상황 가운데 제 생각과 예수님 생각의 차이를 발견하게 되고 내가 어떤 사람인가를 겸허히 고백하고 반성하는 계기를 가질 수 있었습니다.

이렇게 지내다 보니 자연스럽게 출근하던 안정적인 직장으로 복귀를 하지 않았고, 간간이 하는 레슨 외에는 모든 인생의 시간을 봉사에 주력하게 되었습니다. 저를 위해 기도해 주시고 여러 상황을 아시는 집사님들은 종종 보따리장수처럼 떠돌아다니는 것을 안타까워했습니다. 사람들만 찾으러 다니지 말고 어디 한 군데라도 정착해서 사람들이 찾아도 오게 하라면서, 그렇게 일도 하고 봉사도 할 수 있는 터전을 만들면 좋겠다는 말씀도 해주었습니다. 하지만, 재정적 여유 없이 살아가는 저에게 운동을 지도할 작은 공간 하나 임대하기가 어려웠습니다. 단지, 가까운 중보자 몇 분에게만 이런 사정을 기도제목으로 나눌 뿐이었습니다.

어느 날 기도하며 현재의 상황에 탄식하고 있을 때, 평소 잘 알고 지내던 집사님으로부터 전화가 왔습니다. 운동선교센터를 운영할 수 있는 재정을 빌려줄 테니 잘해 보라고 응원해 주었습니다. 전화를 끊자마자 제 능력으로는 할 수 없는 일을 하나님이 이루어 가시는 것을 느끼며 먹던 토스트가 눈물에 젖도록 울었던 기억이 납니다. 그때 수중에 가지고 있던 돈은 토스트와 두유를 사고 남은 3천 원이 전부였습니다. 아무에게도 기댈 곳 없이 절망하고 있는 저에게 하나님은 오직 당신만이 의지하고 기댈 분이라는 말씀을 해주시는 것을 알게 하셨습니다.

두려워하지 말라 내가 너와 함께 함이라 놀라지 말라 나는 네 하나님이 됨이라 내가 너를 굳세게 하리라 참으로 너를 도와 주리라 참으로 나의 의로운 오른손으로 너를 붙들리라 사 41:10

이렇게 센터 공간을 마련했는데, 문제는 인테리어 비용이 없다는 것이었습니다. 이번에도 하나님을 의지하고 기도하며 매달릴 수밖에 없었습니다. 하나님이 아니라시면 여기서 끝이라는 생각으로 주님께 매달리며 호소했습니다. 그런데 며칠 후, 이번에도 어느 집사님에게서 연락이 왔습니다. 대금은 차차 갚도록 하고, 먼저 인테리어부터 도와주겠다고 했습니다. 저는 그때 이미 이 센터는 제 손을 떠났음을 알았습니다. 이곳은 하나님의 의도와 방향으로 흘러가고 있음을 확신할 수 있었습니다.

그렇게 인테리어가 시작될 즈음, 어느 선교단체로부터 아프리카 청년들을 위한 선교에 참여해 달라는 요청을 받았습니다. 하나님이 시작하신 일이니 굳이 내가 인테리어 현장을 지키고 서 있을 필요가 없겠다는 생각이 들었습니다. 저는 센터 오픈 준비도 못 보고 아프리카 케냐 선교를 위해 떠났습니다.

저는 아프리카에서 만난 청년들을 향해 오직 복음, 오직 믿음으로 제 몸과 영혼을 만드신 하나님을 알리고 전하는 시간을 가졌습니다. 목사나 강사가 단에 서서 말씀을 선포하는 일반적인 집회와 다르게, 여기에서 우리는 몸의 건강, 영혼의 강건이라는 슬로건 아래 운동 예배를 드렸습니다. 그날 예배는 마치 잠들어 있던 아프리카를 깨우듯이 이날 모인 수천 명의 청년들을 일으켰습니다. 그렇게 제가 하나님의 심부름꾼이 되어 맡겨 주신 일을 하는 동안에 한국에서는 하나님이 중보자들을 통해 제가 해야 할 일을 해주시는 특별한 경험을 했습니다.

세상 가운데 세워진 교회가 되기를

집회를 마치고 돌아온 한국. 센터는 아직 이름도 없고 간판도 없고 트레이너도 없었습니다. 기도하자고 마음을 먹고 센터의 이름을 놓고 기도하던 중에, 과거에 매주 갖던 기도 모임이 떠올랐습니다. 4복음서를 열심히 읽으며 예수님의 열세 번째 제자로 살아가겠다고 결신했던 그 무렵입니다. 그때 저는 길이든 커피숍이든 어디서든 만나는 청년마다 전도하고 그들과 함께 기도모임을 가졌습니다. 그때 그 모임의 이름이 '스타트레인'입니다. 기도하는 중에 별을 따라가는 기차의 모습이 떠올라서 지은 이름입니다.

이름이 그래선지 사람들이 센터 이름을 말하면 연예인 훈련하는 곳이냐고 묻습니다. 맞습니다. "지혜 있는 자는 궁창의 빛과 같이 빛날 것이요 많은 사람을 옳은 데로 돌아오게 한 자는 별과 같이 영원토록 빛나리라"(단 12:3)라는 말씀처럼, 스타+트레인은 많은 사람에게 하나님을 알리는 자들을 훈련하는 곳입니다. 동시에 스타트+레인의 의미로 이러한 훈련 가운데 하늘에서 내리는 성령의 비가 내리는 곳이 되기를 기도하며 나아가고 있습니다.

이후 트레이너를 구해야 하는데, 구인사이트 같은 곳에 올릴 것이 아니라 하나님이 보내 주시는 믿음의 트레이너들을 기다려 보자는 마음이 들었습니다. 어떻게 알았는지 한 명, 두 명 메일로 연락이 왔습니다. 이미 하나님을 믿고 이러한 일을 시작한 저로서는 세상에서 보여지는 스펙이나 이력서보다 더 중요한 것이 바로 트레이너의 신앙이었습니다. 단순히 교회에 출석하는 것만으로는 만족이 되지 않았습니다. 먼저, 자기소개서 형식의 신앙고백서를 보내게 했고 가장 중요한 하나님과의 만남인 성령 체험과 고백을 적도록 했습니다. 그리고 담임 목사님의 추천을 이어서 받도록 했습니다. 실력은 제가 도와주면 더 많은 경험과 경력을 쌓고, 자격증을 취득할 수 있지만 신앙은 자신의 믿음을 통한 하나님과의 만남이 없으면 함께 일하기 어렵다는 판단이었습니다.

스타트레인은 비록 겉모습은 운동 센터지만 세상 한 가운데 세워진 교회가 되기를 바랐습니다. 이곳에서 일하는 트레이너는 운동 트레이너의 탈을 쓴 선교사가 되어야 했습니다. 고객의 몸을 건강하게 돌보는 동시에 아직 믿지 않는 고객의 영혼을 하나님께 인도하기를 바랐습니다. 그러려면 이곳에서 일하는 트레이터는 선교사적 믿음을 갖추고 있지 않으면 안 된다는 것이 제 생각이었습니다. 이렇게 한 명 두 명 청년 트레이너들이 오게 되었고, 우리는 모여서 기도했습니다. 우리가 가진 신앙적 가치관으로 몸과 마음이 지친 영혼들을 도울 수 있게 해 달라고 기도했습니다. 그리고 우리의 삶을 나누고 서로를 위해 기도하고 응원했습니다.

모든 것이 하나님 손에 달렸을 뿐

이렇게 지내는 동안 회원도 거의 없이 3개월 가까이의 시간이 흘렀습니다. 월세를 제때 내지 못하자 건물주에게 연락이 왔습니다. 시작도 제대로 해보지 못하고 접어야 할 정도의 처지가 되었습니다. 입술로는 하나님의 은혜와 사랑에 감사하는 동시에 제 마음 한가운데에는 하나님을 향한 서운한 마음이 조금씩 피어나고 있었습니다. 이럴 거면 처음부터 하지 말도록 하시지, 왜 굳이 여기까지 끌고 오셔서 실패를 경험하게 하시는지 이해가 안 되었습니다. 어느새 한탄만 늘어놓는 기도만 하고 있었습니다. 기도라기보다는 넋두리에 가까웠습니다.

그러는 중에 전화가 한 통 왔습니다. 상담을 받고싶다는 연락이었습니다. 정말 뛸 듯이 기뻤습니다. 오랜 기다림 끝에 온 선물과도 같은 연락이었습니다. 그런데 조금 의아했던 것이, 센터에 방문하기로 한 당일 상담 오기로 한 분에게서 연락이 와서는 방금 서울역에 내렸다면서 센디 위치를 묻는 것이었습니다. 한참 후에 센터 문을 열고 들어오신 분은 나이 지긋한 할머니였습니다. 여기서 운동을 배우면 불편했던 본인의 몸이 한결 나아질 거라는 기대와 확신이 있어서 전라도에서 이곳까지 딘슘에 오게 되었다고 했습니다. 실망이 크긴 했지만, 저와 트레이너들은 하나님이 보내주신 분으로 믿고 봉사의 마음으로 할머니를 성심껏 지도해 드렸습니다. 거리가 멀어 오시지 못할 것을 고려해 집에서 할 수 있는 운동도 알려 드렸습니다.

운동을 마친 후 예상대로 형편상 돈이 없다고 하시는 할머니는 가시기 전에 제게 정말 특별한 이야기를 해주셨습니다. 13년이 지난 지금도 그 이야기가 어제처럼 제 귓가에 선명합니다.

"내가 불자예요. 불교 방송을 보려고 채널을 넘기다가 기독교 방송 광고에 나오는 대표님을 우연히 봤어요. 영상에서 대표님이 거구의 여성을 운동시키며 살을 빼도록 돕는데, 아, 나도 저기 가면 도움을 받을 수 있겠구나 싶어졌어요. 내가 불자라서 하나님을 믿지는 않지만 대표님이 믿는 하나님이 이곳을 통해 사람을 살리는 일을 하실 거예요."

기독교인이 아닌 불교 신자를 통해서도 하나님은 우리를 위해 일하시는구나라는 생각을 했습니다. 세월이 지나도 어제처럼 생생한 이 말이 오늘도 내가 누구를 위해 무엇을 해야 할지를 알려 줍니다. 방황하지 않고 분명한 목표를 향해 달려가도록 도와주는 힘이 되었습니다.

그 뒤로 믿지 못할 일이 생겼습니다. 한 사람 한 사람 어떻게들 알았는지 전국에서 각기 다른 경로로 연락이 오기 시작했습니다. 물론, 삶의 환경이 어렵고 재정적으로도 넉넉하지 않은 사람들이었습니다. 그러나 저와 트레이너들은 모두 하나가 되어 그들의 건강을 위해 애썼고, 그렇게 얼마를 보낸 이후 정식적인 회원들이 오기 시작했습니다.

하나님의 방법은 항상 예측을 빗나가고 내 생각의 수준을 뛰어넘는다는 사실을 배웠습니다. 하나님은 먼저 내 생각과 계획을 비우십니다. 그리고 그 빈 곳에 하나님의 뜻과 마음으로 채우십니다. 그날 하나님은 은혜와 사랑만이 사람을 치유하고 살린다는 것을 깨닫게 해주셨습니다. 지금도 저는 하나님을 앞서는 생각을 하지 않고 순종하는 싸움을 늘 하고 있습니다. 그때마다 패배와 승리를 반복합니다. 중요한 것은 마지막은 하나님의 뜻 가운데 믿음의 전쟁에서 승리한다는 것입니다. 그 사실을 믿음으로 날마다 새로운 힘을 불어넣어 주시는 하나님께 의지하며 힘을 내고 있습니다.

어느덧 수개월의 시간이 흘렀습니다. 주변 사람들이 왜 간판도 없이 운영을 하느냐는 질문과 함께 비즈니스는 홍보와 마케팅이 중요하니 시급히 간판을 달라고 제의해 주었습니다. 사실 간판이 없는 것은 간판을 달 재정이 없기도 했고 하나님이 보내 주시는 분들은 간판을 보고 찾아오지 않는다는 저만의 고집스러운 믿음 때문이었습니다.

이후 9개월이 넘는 기간에 자연스럽게 재정이 채워지고 10개월째에 간판을 달았습니다. 마치 산모가 아기를 낳은 기간의 기다림 같았습니다. 새로 태어나는 사역과 사업의 시작을 그동안 배중에서 준비시킨 시간이 있었구나라는 생각이 들 정도로 지난 9개월은 어려운 재정 가운데 오히려 은혜와 날마다 간증이 넘치는 시간이었습니다.

스타트레인의 첫 오픈 예배 설교는 조정민 목사님이 해주셨고, 제 눈물의 간증의 고백으로 마치게 되었습니다. 이후 10주년 때 조정민 목사님이 다시 예배를 인도해 주셨습니다. 그 자리에서 저는 다음과 같은 내용의 간증을 했습니다.

"주변 사람들은 외형적으로 큰 프랜차이즈 사업이 되고 있느냐고 물어봅니다. 그러나 저는 외적인 확장보다는 예수님의 제자로 묵묵히 영적 확장을 전도로 하고 있습니다."

사업의 규모나 외형도 하나님의 때에 따라가면 되는 것이지 제가 개인의 의도로는 할 수 없습니다. 하나님이 열어 주시지 않으면 그건 제 길이 아닙니다. 하나님의 자녀는 온전히 하나님께 붙들려 있기 때문에 내 개인의 계획과 목적으로 집을 나가도 하나님이 다시 잡아 오신다는 것을 수많은 경험을 통해 알게 되었습니다.

스타트레인의 비전은 교회가 무너져 가는 이 시대에 새로운 교회의 모형으로 바로 서는 것입니다. 아프고 가난하고 어려운 자들을 직접 찾아가 도우셨던 예수님의 치료와 치유 사역을 본받아 영·혼·육의 치유센터로서 아픈 자들이 몸과 마음의 치유를 경험하게 하고자 합니다. 성전에 앉아서만 드리는 예배가 아니라 진정한 예배의 본질을 찾고자 합니다. 그렇게 지역에 머무르는 센터가 아닌 국내를 너머 전 세계로 뻗어 나가는 교회가 되기를 바랍니다.

삶으로 하는 QT

제가 일하는 스타트레인은 이른 아침 4시부터 밤 10시까지 운영하는데, 초기에 저는 새벽에 출근해서 밤늦게 퇴근을 한 적도 많았습니다. 스타트레인을 시작하고 약 1년이 지나 어느 정도 고객도 늘어나고 자리도 잡혀 갈 무렵, 여느 때보다 여유롭게 오전 9시쯤 출근하는데 연세가 있는 고객이 저보다 앞서서 계단을 올라가 문을 열고 로비를 지나고 있었습니다.

로비에는 창밖을 향해 앉아 책을 보는 K트레이너가 있었습니다. 고객은 트레이너에게 인사를 하려고 하다가 어색한지 그냥 탈의실로 들어갔습니다. 저는 바로 그 고객 등 뒤에 서서 반갑게 인사를 드렸고 그 고객은 기쁜 모습으로 인사를 받아 주었습니다. 고객이 운동실에 들어가는 것을 보고 나서 저는 트레이너에게 다가가 방금까지 무엇을 하고 있었는지를 물었습니다. K트레이너는 여봐란듯이 책을 펴 보이며 "저는 QT를 하고 있었습니다"라고 했습니다. 제가 큐티가 무엇이냐고 묻자 놀란 듯이 "대표님도 QT 잘 아시잖아요? 저는 〈생명의 삶〉이란 책으로 QT 하고 있었어요"라고 했습니다. 물론 그건 저도 잘 알았습니다. 제가 묻고 싶은 것은 그게 아니었습니다. 저는 재차 물었습니다. "큐티가 뭔가요?" K트레이너는 여전히 어리둥절하며 자기가 보고 있던 책을 설명했습니다. 제가 K트레이니에게 말했습니다.

"K선생님, 큐티는 책도 아니고 단순한 묵상이나 명상이 아닙니다. 이곳에 오는 고객 한 분 한 분을 예수님을 맞이하듯 반갑게 맞고 배려해 드리는 것입니다. 그리고 지금은 근무 시간입니다. 책을 읽는 것도, 말씀 묵상도 출근 전이나 퇴근 후에 해주세요."

우리는 자칫 말씀 읽기와 찬양, 기도를 영적 행위라 생각하고 그렇지 않은 일과 공부, 가사 등은 세상적인 것으로, 속된 것으로 이분화하는 경향이 많습니다. 하지만 그렇지 않습니다. 우리가 보고 만지고 느끼고 일하고 고객을 지도하고 공부하고 청소하고 설거지를 하는 모든 시간이 하나님과 동행하는 시간입니다. 그런 시간 자체가 QT가 될 수 있습니다. 영적인 것과 육적인 것을 분리해서 생각한다면 그 시간은 전혀 QT가 아닐 수 있습니다.

예수님은 우리의 삶으로 내려오셨습니다. 사람들과 만나고 먹고 대화하고 병을 고치고 말씀을 전하시고 쉼 없이 일하시며 그런 활동 가운데 하나님과 동행하셨습니다. 우리는 세상을 떠나 조용한 무인도에 가서 하나님을 불러내는 신앙을 가져서는 안 됩니다. 격정적인 삶의 한가운데에서 하나님을 찾아야 합니다. 그분이 나에게 주신 삶을 바라보며 예수님의 제자로 살아가는 모습이 어떤 삶인지를 알고 따르는 통찰력과 지혜를 구해야 합니다.

하나님을 믿는다는 것이 어떤 대단한 일이나 특별한 일을 하는 것만은 아닙니다. 평소에 우리가 만나는 사람들을 대하며, 일터에서는 일하며, 학교에서는 공부하며 늘 한결같이 하는 삶의 모습에 있습니다. 그런 삶 가운데 아주 작고 사소한 일과 사람에게 관심을 기울이는 것이고 그런 관심은 그들을 위한 배려나 도움, 봉사 같은 선행에서 시작됩니다. 이웃을 사랑하고 그들에게 친절을 베풀면서 우리 인생 너머에 계시는 하나님을 세상이 발견하도록 하는 일입니다.

하나님 앞에 정체성을 찾길

세상은 '네가 잘하는 것에 집중하라'고 말합니다. 그러다 보니 '나의 장점 찾기'를 '비전 찾기'와 동일시하며 부진한 학습에 동기를 부여합니다. 그러나 저는 그렇게 생각하지 않습니다. 누군가에게는 장점이 전공이 되고 직업이 되면서 남들보다 뛰어난 실력을 인정받을 수 있을지 모릅니다. 그러나 그와 반대로 오히려 내 약점을 피하지 않고 그것을 정면으로 승부하고 매달리고 이겨 낸다면 나약함을 극복한 성취를 통해 자존감이 회복될 수 있습니다. 그러면 자신과 같은 청소년기를 가진 인생의 후배들에게 유익한 경험을 나누어 주고 응원해 줄 수 있을 것입니다. 그런데도 우리의 교육 현실은 그늘지고 소외되고 가려져 있는 청소년과 청년들에게 다가가 이끌어 주지 못하는 상황일 때가 많아 안타깝습니다.

제가 초등학교 저학년 무렵 겪은 일입니다. 당시는 공원이 거의 없었기에 소풍을 가면 늘 동구릉 같은 곳에 가서 풀밭에서 그림을 그렸습니다. 선생님이 내준 주제는 '내가 본 가장 아름다운 것'이었습니다. 지금 생각해도 참 좋은 주제였다고 생각합니다. 친구들이 저마다 뛰어가서 나무와 새, 잠자리, 나비, 꽃을 그리는 동안 나도 무엇이 가장 아름다울까를 생각하며 문득 친구들의 뒷모습을 보았습니다. 어떤 친구는 혼자 집중하여 그림을 그리고, 한쪽에서는 두세 명이 재잘거리며 그림을 그리고 있었습니다. 그 뒷모습이 너무 아름답다는 생각이 들었습니다. 저는 그 친구들의 뒷모습을 그렸습니다.

곧이어 그림 그리는 시간을 마치고, 선생님은 아이들의 그림을 보며 흡족해했습니다. 그런데 제 그림을 본 선생님은 인상을 찌푸렸습니다. 그러면서 "너는 그리라는 건 안 그리고 무얼 한 거니?"라며 질책했습니다. 저는 민망함과 창피함으로 뒤섞여 모기만 한 소리로 "친구들을 그렸어요"라고 대답했고, 선생님은 곧이어 "아름다운 것을 그리라는데 친구들의 뒷모습이나 그렸다고?"라며 한심하다는 듯 저를 봤습니다. 그러고 보면 저는 감정이나 생각을 언어로 표현하는 데 잘 훈련된 아이가 아니었습니다. 항상 '내가 이런 말을 하면 사람들은 나를 어떻게 판단할까?'라는 생각에 두려움과 걱정이 앞서곤 했습니다. 그날도 저는 주변의 관심이 제게 쏠리는 상황에서 긴장으로 손에 땀이 흠뻑 차고 목소리도 제대로 나오지 않아 화장실에 다녀오겠다는 말을 얼버무리며 자리를 피했던 것 같습니다.

만약 제가 좀 더 수용하고 배려해 줄 수 있는 선생님에게서 그림을 배웠다면 어땠을까요? 미술 시간에 자신감과 성취감을 얻고 좀 더 창의적인 활동에 주도적으로 참여하면서 훗날 멋진 예술가가 될 수 있었을까요?

그런데 나중에 성인이 되어서 정반대의 경험을 통해 그날의 일을 위로받은 적이 있습니다. 캐나다 서리(Surrey)에 위치한 코요테크리크초등학교(Coyote Creek Elementarty School)에서 잠시 보조교사 업무를 하게 된 일이 있었습니다. 사실 제 영어 수준은 상대방의 말을 간신히 알아듣는 정도였습니다. 그나마 다행이었던 것이, 제 영어 실력을 감안하고 현지 선생님들이 저를 읽기 능력이 떨어지는 열등반 보조교사로 편성해 주었습니다. 저는 그곳에서 아이들에게 책을 읽어 주어야 했습니다. 두려운 마음으로 영어 그림책을 읽는데, 한 아이가 그걸 듣다가 멀찌감치 있던 현지 선생님에게 가서 제 발음과 읽기 수준이 떨어져 듣기가 어렵다는 말을 했습니다. 저는 그 상황을 눈치 반으로 알아들으면서 너무 부끄러워 쥐구멍에라도 숨어들고 싶은 심정이었습니다. 그런데 현지 선생님은 친절하게 아이에게 상황을 설명해 주면서 제가 그림책 읽기를 다 마칠 때까지 아이들이 잘 들을 수 있도록 배려해 주었습니다.

다음 시간이 되었습니다. 현지 선생님은 제게 혹시 수학을 지도할 수 있겠느냐면서 아이들의 수학 책을 보여 주었습니다. 그런데 한국에서 제가 배웠던 초등수학과는 비교할 수 없을 정도로 수준이 낮아 보였습니다. 영어를 좀 못해도 이건 가르칠 수 있겠구나 싶었습니다. 흔쾌히 하겠다고 하고 아이들을 가르쳤습니다. 아이들은 좀 전에 제 형편없는 읽기 능력을 경험했음에도 인내하며 저에게 수학을 배웠습니다. 그리고 잠시 후 놀라운 일이 일어났습니다.

아이들은 제가 가르치는 덧셈, 뺄셈, 나눗셈 방법을 보면서 탄성을 지르기 시작했습니다. 급기야 자리에서 일어나 제 주변으로 몰려들어 제 풀이 방식을 보며 신기하다는 듯 놀라워했습니다. 어떤 친구들은 '천재 선생님'이라면서 칭찬해 주었고, 현지 선생님까지 아이들 앞에서 저를 추켜세워 주었습니다. 조금 전 상황을 역전시켜 주려는 의도가 있다고 느낄 만큼, 회복이 되는 순간이었습니다.

잠시 후 쉬는 시간에 아이들과 운동장에 나가 노는데, 운동장 한편에 새로 전학 온 아이가 보였습니다. 피부색이 새까맸던 아이는 대부분이 백인인 학생들 사이에서 어색한지 잘 섞이지 못하는 것처럼 보였습니다. 혹시나 따돌림을 당하는 것은 아닌가 생각되어 조심스럽게 지켜보았습니다. 제 어린 시절이 투영되어 보였던 것인지도 모릅니다. 그런데 다행히 다른 아이들이 곧 그 아이에게 함께 놀자고 제안했고, 어두웠던 그 아이의 얼굴이 환하게 밝아지는 것을 보았습니다.

한참을 뛰어노는데, 하필 그 흑인 아이가 넘어졌습니다. 그런데 곧바로 다른 친구들이 뛰어가 그 아이를 부축해 주고, 다친 곳은 없느냐며 세심하게 살폈습니다. 저는 궁금해졌습니다. 캐나다 교육이 어떤 가치와 철학을 가지고 있기에 이 학교의 선생님과 아이들은 이렇게 한 사람의 생각과 의견을 존중할 수 있는 것인지, 또 어느 한 사람 소외되지 않도록 세심히 관심을 가져 줄 수 있는 것인지 말입니다.

한국 교육의 현실이 떠올랐습니다. 순수하고 맑게 자라야 할 아이들이 입시 지옥, 사교육 문화 속에서 왜곡된 세상을 배우고 있는 것은 아닐까 걱정이 됩니다. 부모가 이루지 못한 욕망의 그늘 아래에서, 남들보다 더 좋은 대학을 졸업하고, 더 좋은 직장을 다니고, 더 좋은 집에서, 더 좋은 차를 끌며, 더 좋은 배우자를 만나, 더 부자로 사는 것이 마치 행복인 줄 착각하고 살아가는 것은 아닐까요?

그러나 하나님이 우리에게 주신 가정의 원리는 이런 것과는 거리가 멉니다. 먼 정도가 아니리 정반대입니다. 하나님은 교회 이전에 가정을 주셨고 이 가정을 통한 공동체의 사랑으로 교회의 모형을 주셨습니다. 우리는 세상의 기준과 조건에 맞게 살아가도록 만들어지고 그것에 인생의 시간을 소모하면서 살도록 만들어지지 않았습니다.

하나님이 우리를 이렇게 만드셨고 왜 만드셨는지, 우리가 어떻게 살아가기 원하시는지를 먼저 알아야 합니다. 사실 누구보다 우리와 가정과 자녀가 행복하기를 바라시는 것은 하나님이십니다. 하나님은 우리가 불행하게 살기를 원하시지 않습니다. 그러면 내 생각보다 깊고 원대한 하나님 아버지에게 우리 가족 구성원 모두가 하나되어 하나님의 기쁨이 되고 참 행복에 이르는 길을 찾아야 합니다.

그러려면 먼저 남편과 아내가 하나님 안에서 정체성을 되찾아야 합니다. 하나님이 의도하신 남편과 아내의 의미, 결혼과 가정의 의미, 자녀라는 선물을 주신 의미를 발견해야 합니다. 그러한 하나님의 의도를 알고자 할 때 지혜가 열리고 비로소 가정이 하나님 안에서 세워질 것입니다. 세상 논리와 기준으로 살아가는 사람들과는 비교할 수 없는 은혜와 축복이 저와 제 자녀에게 임할 것입니다.

"너는 안 된다" 같은 말을 들었을 때 어떤 사람은 절망하고 우울감에 빠지고 깊은 어둠의 터널로 인생을 몰아가지만, 어떤 사람은 승복하지 않고 그 말을 뛰어넘고자 끊임없이 자기와 싸우며 서서히 일어납니다. 이런 차이는 자라온 환경과 부모의 가치관의 영향이 크게 작용한다고 생각합니다.

우리는 불완전한 부모의 가치관을 뛰어넘어 온전하고도 완전하신 하나님 아버지의 가치관으로 자라 나가야 합니다. 저는 지금 세 자녀를 키우고 있습니다. 우리 부부는 늘 실수투성입니다. 때로는 자녀를 잘못 혼내기도 하고 마음의 상처를 주는 말을 하기도 합니다. 그러나 곧 회개하고 반성하고 실수를 인정하며 자녀에게 용서를 구합니다. 무엇보다 우리의 불완전함과 부족함을 의지하는 것이 아니라 하나님의 완전하신 사랑에 자녀를 맡기려고 노력합니다. 내가 먼저 하나님 앞에 바로 서기를 기도하며 하나님만 의지합니다.

세상의 부모는 다 자녀를 위한다고 하지만 자기 자신이 알고 있는 잘못된 행복의 기준에 맞춰서 자녀들을 몰아가려고 하는 경향이 있습니다. 하나님의 자녀는 하나님의 원리와 섭리대로 길러야 합니다. 제가 이해하는 자녀교육은 간단합니다. 하나님을 믿는 부모와 그렇지 않은 부모의 차이가 자녀의 성품과 지식과 지혜를 달리 자라게 한다는 것입니다.

부모님이 가난하거나 능력치가 낮으면 자녀가 경쟁심이 높아지고 힘들어질 수 있다고 생각하는데 사실은 그렇지 않습니다. 부모의 판단과 지적, 비판이 아이들을 힘들게 만듭니다. 아이들은 사랑으로 훈훈하게 즐겁게 편안하게 지리나게 해주어야 합니다. 부모가 많이 웃어야 합니다. 부부가 서로 바라보고 포옹하고 표현을 자주하는 가정의 자녀는 그러한 문제가 없습니다. 문제 있는 아이는 없지만 문제 있는 부모는 많습니다.

가정은 사랑의 중심점이며 출발점입니다. 사랑의 회복이 치유의 능력이 될 수 있습니다. 자식은 부모의 면류관이 될 수도 있고 가시관이 될 수도 있습니다.

하나님의 비전과 내 뜻 분별하기

교회를 다니고 하나님을 믿으면서 소위 믿음이 좋은 분들이라는 사람들을 만나고 교제를 나눌 기회가 점점 많아지고 있습니다.

소위 믿음 좋다는 말을 많이 듣는 사람들과 교제하다 보면 대화 중에 이런 이야기가 오고가고는 합니다.

"하나님이 선교지로 가라는 마음을 주셨어요."

"하나님이 저에게 (원하던 것을) 주실 거라는 확신을 주셨어요."

확고한 신앙적 고백입니다. 물론 누구나 이런 믿음의 확신을 갖는 것은 좋다고 생각합니다. 그러나 그게 정말 하나님의 뜻인지 아닌지를 분별하는 지혜는 필요해 보입니다. 하나님은 우리에게 자유의지를 주셨습니다. 우리를 창조하신 하나님을 믿을지 말지까지 정할 수 있게 하셨습니다. 그러니 모든 인생의 결정에 대한 의지는 당연히 우리 자신에게 있습니다.

어떠한 최종 결정을 내리는 데에 있어서 중요한 과정이 있습니다. 순차적인 결정의 단계가 마치 퍼즐 조각을 맞추는 것처럼 하나님의 뜻과 부합되는 것인지 따져 봐야 합니다. 내가 원하는 마음이 너무 커서 하나님께 기도는 하고 있지만 사실은 시작도 결과도 내가 정한 채 하나님을 내 목표로 인도하고 있는 것은 아닌지를 명확하게 알아야 합니다.

믿음은 나의 상상이나 의도를 채워 주는 도구가 아닙니다. 이미 정한 결론을 따라가도록 하는 기도는 그 자체부터가 끝과 시작이 잘못된 것입니다. 이것을 알기 위해서는 내가 원하는 것이 솔직히 무엇인지, 내가 왜 하나님께 기도로 응답을 받고 싶어 하는지, 하나님은 그런 나를 어떻게 보시는지 등에 관해 구체적으로 생각해 보아야 합니다.

HOLY
BODY

PART

3

영혼의 응급 처치(Church), 스타트레인

09 CHAPTER 죽을 힘으로 일어났습니다

　공부에 전념하는 학생도, 일에 집중하는 직장인도, 연기에 몰입하는 연기자도 운동만큼은 자신에게 관대합니다. 이 정도면 되었다고 스스로 용납하며 100퍼센트까지 밀어붙이지 않고 50퍼센트쯤에서 자신의 한계를 스스로 내려긋고 마치는 일이 허다합니다. 왜일까요?

　그것은 몰입과 집중 그리고 인내가 합을 이루지 않았기 때문입니다. 어떤 일이나 삶에서 몰입을 경험해 본 적이 있습니까? 저는 운동을 할 때는 신나게 틀어 놓은 음악 소리조차 듣지 못합니다. 주변 환경이 안 보입니다. 바로 앞으로 지나가는 사람조차 보이지 않습니다. 그저 내가 지금 이 바벨을 들어 올려야 한다는 정신이 생각과 몸의 행동이 일치되어 상황에만 집중할 뿐입니다. 이것이 저에게 주는 보상과 가치는 훌륭합니다. 오만가지 잡념과 스트레스에서 저를 단순하고도 순수한, 새로운 세계로 인도해 줍니다. 이런 것을 무아지경에 빠졌다고 말합니다.

다음에 소개하는 분들이 바로 그런 신체적 어려움을 극복하며 마음의 힘을 얻고 일어난 사례의 주인공들입니다.

174kg 초고도 비만에서 64kg으로

2007년 5월 어느 날, 우연히 TV 프로그램에서 이유경 씨를 보았습니다. 156cm의 작은 키에 174kg이라는 거구의 몸집을 가지고 있었습니다. 이유경 씨는 '초고도 비만'이라는 병을 진단받았고, 얼마 안 있어 수술해야 하는 심각한 상황이었습니다.

사연을 들어 보니 이유경 씨는 출산 후 몸무게가 늘기 시작했고, 시어머니, 남편과 잦은 마찰로 삶의 의욕조차 잃어 갔습니다. 그래서 먹는 것으로 스트레스를 푸는 일이 거듭되었고, 자신의 몸을 돌보지 않아 지금 상황에 이르게 되었다고 했습니다. 그녀는 지하철을 타고 가는데 고개를 들지 못했습니다. 사람들의 따가운 시선에 주눅이 들어 있었습니다. TV 화면 너머로 이유경 씨의 외로움이 느껴졌습니다. 상황은 달랐지만, 왜소한 몸 때문에 자존감이 바닥을 치던 제 어린 시절이 투영되면서 공감이 되고 마음이 아팠습니다.

저는 무작정 이유경 씨에게 전화를 하고 찾아가 이야기를 나눴습니다. 제가 겪었던 아픔을 나누고 함께 운동해 보자고 권했습니다. 처음 이유경 씨는 저를 달가워하지 않았고 제안도 거절했습니다. 그래도 일주일에 한 번 이유경 씨를 찾아가 운동 방법을 알려 주었습니다. 그렇게 찾아간지 7개월이 되었을 때, 포기하지 않고 끊임없이 찾아오는 저의 모습을 보고 마침내 이유경 씨가 마음의 문을 열었습니다. 드디어 운동을 할 수가 있었습니다. 이유경 씨 집에는 마땅한 운동기구가 없었지만, 길에서 주운 돌이나 배추나무 같은 농산물을 이용해 운동할 수 있었습니다. 집안일을 하면서 할 수 있는 운동법도 알려 주었습니다.

시간이 지나면서 이유경 씨 몸에 조금씩 변화가 생기기 시작했습니다. 10kg, 20kg 체중이 줄더니, 마침내 64kg까지 줄었습니다. 다. 총 110kg을 감량한 것입니다. 할렐루야! 삶의 의미를 잃고 자살 충동까지 느끼던 이유경 씨 삶이 운동을 통해 변화되었습니다. 이 모든 것이 하나님의 도우심이었습니다. 하나님이 저를 통해 일 하셨다는 사실에 무척이나 감사했습니다.

이유경 씨와 운동을 할 땐 언제나 삶의 교제(혼)를 나누고 기도(영)를 했습니다. 그러자 하나님을 받아 들이기 시작했습니다. 이유경 씨의 영,혼,육이 변화되기 시작했습니다. 하나님은 한 사람을 변화 시키실 때 영,혼,육의 전인적인 변화를 만드시는 분이라는 것을 이때 알게 되었습니다.

현재 이유경 씨는 누구보다 신앙생활을 잘하려고 애쓰는 집사님이 되었습니다. 하나님은 이유경 씨를 통해 제 삶의 사명을 발견하게 하셨습니다. 저는 이 일을 계기로 사람들이 운동을 통해서 영·혼·육이 건강한 삶을 누릴 수 있도록 돕는 것을 사명으로 삼게 되었습니다.

죽을 고비에서 꿈을 되찾은 청년

K군은 15세의 나이에 백혈병이라고 불리는 혈액암 진단을 받았다고 했습니다. 그 어린 나이에 큰 병원들을 돌아다니며 모든 방법을 총동원하여 치료를 받았으나 병원에서도 더는 진전이 없으니 집에서 자가 치료하기를 권유받았고, 이후 집안 자기 방 침대에 누워서 지낸 지가 2년이 흐른 상태에서 우리를 만났습니다.

처음 만난 K군의 몸 상태는 아주 심각했습니다. 50kg이 넘던 체중은 2년 사이에 32kg으로 줄어 도저히 17세라고는 믿어지지 않을 정도로 뼈만 앙상하게 남은 모습이었습니다. 초등학생이라고 해도 믿어질 정도로 외소했습니다. 팔다리에는 힘이 없어서 스스로 앉지도 걷지도 못했습니다. 누워만 있는 상태로 하루 종일 지내다 보니 욕창이 생겨서 부모님이 매 시간 K군의 몸을 돌려 눕게 해주고 있다고 했습니다.

K군은 스타트레인에서 운동을 시작했습니다. 먼저 K군의 신체가 가동할 수 있는 근육과 범위를 알아야 했습니다. ADL(Active daily living: 일상적인 생활을 하기 위한 최소한의 근육)을 위한 근육의 최대 ROM(Range of motion: 관절의 가동 범위)을 만들기 위해 먼저 손가락과 발가락을 움직여 보라고 했습니다. 다행히도 근신경계에는 문제가 없어서 손가락과 발가락이 움직였습니다. 그리고 제가 직접 K군의 팔을 들어 올리고 멈추라고 한 다음 스스로 천천히 팔의 무게를 제어하면서 내려 보라고 했습니다. 처음에는 들어 올린 팔을 바로 떨어뜨리듯이 내리더니 얼마 안 가서 속도를 줄일 수 있었습니다. 다리도 들어 올리기를 시도했습니다. 다리의 무게를 감안하여 무릎을 구부리고 들어 올렸다가 내리는 몇 번의 동작을 했습니다.

부모님에게 들은 바와 같이 K군 스스로는 몸에 힘을 주어서 움직이는 기능이 많이 약해진 상태였습니다. 첫 주는 팔과 다리를 들어 올려 주고 근력의 힘으로 속도를 제어하면서 천천히 내리는 운동을, 둘째 주는 팔과 다리를 조금이라도 지면에서 스스로 들어 올리는 운동을, 셋째 주는 팔과 다리를 높이 올리고 천천히 내리는 운동을, 넷째 주는 자신의 몸통을 타인의 도움 없이 스스로 좌우로 돌리기 위한 협응력 운동을, 다섯째 주는 마치 스쿼트를 하듯이 누워서 한쪽 다리 무릎을 구부려 90도 각을 만들게 한 뒤 발바닥으로 제 손을 밀어 내는 대퇴부 운동을 했습니다. 그리고 이어서 제 손을 맞잡고 필 힘으로 자기 몸을 당겨 상체를 일으켰습니다.

이후 앉은 자리에서 손잡고 하는 스쿼트를 했고 약 6개월이 되었을 때는 스스로 의자에서 앉고 일어나는 스쿼트를 했으며, 자신의 방을 나와서 거실을 걸어 다닐 수 있을 정도가 되었습니다. 1년 가까이 되었을 때는 계단을 스스로 오르고 내리는 동작도 할 수 있었고 방과 거실을 자유자재로 다닐 수 있는 수준이 되었습니다.

이렇게 재활을 위한 운동을 하면서 빼놓지 않고자 했던 것은 신앙이었습니다. 그러나 온몸에 암 세포가 퍼져 아무런 활동도 할 수 없는 K군에게 신의 존재를 알리는 일은 쉽지 않았습니다. 신이 있더라도 자신에게 이렇게 가혹한 처사를 하는 신을 믿는다는 것은 그리 간단한 일이 아니었습니다. 재활 운동을 하면서 서로의 친밀감이 형성되기를 기다렸다가 자연스럽게 K군에게 물어봤습니다.

"과연 신은 있을까? 그리고 신이 있다면 그분은 하나님일까?"

그러나 K는 이런 질문에 본인은 관심이 없다고 했습니다. 하지만, 일주일에 5~6번 이상을 만나며 결국 우리의 주제는 여러 가지 세상의 일들과 관점뿐만 아니라 다양한 분야에 이르렀고, 인간과 신에 대한 주제는 다시 자연스럽게 언급되었습니다. 인류 문명은 신을 믿는 것과 동시에 시작이 되었고 또 전 세계인은 모두가 자신이 믿고 있는 신과 종교를 수천 년간 유지한 채 대대로 살아오는 것을 보면 허무맹랑한 이야기가 아닐 수 있다고, 진지하게 호기심을 갖고 종교를 바라볼 필요가 있다고 말해 주었습니다. 그런 이야기들이 재미있었는지 K군도 조금씩 관심을 가지기 시작했습니다.

현대의학과 과학이 포기한 것을 우리가 현재 재활 운동이라는 이름 아래 하고 있는 것이며 그리고 이런 모든 것이 과학을 뛰어넘는 믿음과 신념과 확신에서 출발한다는 것도 설명해 주었습니다. 부모님이 K군을 위해 기도하며 이전과는 다른 중심에서 살아가고자 하시는 것도 설명해 주었습니다. 이미 그 부분은 K군 자신도 알고 있었습니다. 이러한 가운데 K군의 몸은 몰라볼 정도로 빠르게 회복이 되고 있었고 조용하고 말이 없던 모습은 온데간데없이 대화를 즐기며 식사도 잘하고 잘 웃는 청년으로 변화되어 가고 있었습니다.

드디어 오랜만에 검진을 위해 방문한 병원에서는 늘 구급차를 타고 이동식 배드로 옮겨지던 K군이 스스로 진료실로 걸어 들어오는 것을 보고 의사와 간호사 모두가 너무 놀랐다고 합니다. 그뿐만이 아니었습니다. 4천 개였던 혈소판이 8만 개가 되었고, 멜론 만했던 암세포가 사라지기까지 했습니다. 결론적으로 K군은 완치되었습니다! 할렐루야!

그 후 부모님으로부터 K군의 소식을 들었습니다. K군은 쉬었던 학업을 이어 가며 청년의 꿈을 안고 인생의 푸르름을 만끽하고 있다고 합니다.

마침내 천국을 선물 받은 암 환자

20년 가까이 친구로 지내며 신앙의 동역자로 교제하고 있는 탈북민 친구가 있습니다. 저를 포함한 스타트레인의 강사들과 고객들은 그 친구를 통해 몇 해째 탈북민을 돕는 일을 해왔습니다. 그런데 한번은 이 친구에게 연락이 와서는 자기가 가까이 지내는 탈북민 T님을 만나 달라고 했습니다. 자유를 찾아 목숨을 걸고 탈북했는데, 안타깝게도 폐암 말기 진단을 받아 절망감으로 살아가고 있다면서 말입니다. 더욱 안타까운 것은 T님은 불신자라고 했습니다. 단순히 운동을 넘어 희망을 전해 주기를 바랐습니다.

며칠이 지나 만난 T님은 아주 마른 몸매에 힘없이 센터를 방문했습니다. 운동이 주는 좋은 영향들, 신체적인 영향은 물론 호르몬의 효과와 정신에 긍정적인 영향을 끼치는 부분도 알려 주고 집에서 간단히 할 수 있는 운동 동작을 알려 주었습니다. 그리고 신앙을 조심스럽게 전할 계기가 되었습니다. 단 한 번의 만남이지만 이 만남을 통해 암과 죽음을 뛰어넘는 새로운 삶을 알려 주는 계기가 되기를 바랐습니다.

몇 달이 지나 T님이 암 병동에 입원해서 얼마 남지 않은 시한을 기다리고 있다는 소식을 듣고 병원에 찾아갔습니다. 그때 T님이 제게 "하나님을 믿습니다! 아멘!"이라고 말해 주었습니다. 저는 그곳에서 기도해 주고 세상에서의 삶이 전부가 아님을 말했습니다. "T님은 지옥 같은 북한에서 태어나 자유를 찾아 남한에 와서 결국 육신의 죽음을 맞이하지만 새롭게 천국으로 향하는 축복을 받은 사람입니다"라고 말해 주자 눈물을 흘렸습니다. 우리는 함께 껴안고 울다가 헤어졌습니다.

우리에게 어디에서 태어났느냐는 중요하지 않습니다. 출신이나 가정 배경, 학력, 재산은 모두 다를지 몰라도, 그 돈과 명예로 참 자유를 깨달을 수 있는 것은 아닙니다. T님처럼 비록 북한에서 태어났지만 마침내 남한으로 와 복음을 듣고 천국으로 향하는 축복을 얻은 사람도 있지만, 대한민국에서 태어났지만 자유가 아닌 방종을 하다가 생애를 마치고 지옥으로 가는 사람도 있습니다. 그러니 가장 큰 축복은 재물이 아니라 천국을 얻는 것입니다.

어서 일어나서 올라가자

저는 1년에 몇 번은 중, 고, 대학의 채플에 초대받아 다녀옵니다. 몇 해 전 일입니다. 한 대학교에서 채플 상사 요청을 받아 가게 되었습니다. 이날 채플은 전교생이 네 번에 나누어 드리는 아주 큰 행사였습니다. 기독 학교들의 채플은 점점 불신자 학생들의 입학으로 여러 고충을 겪고 있습니다. 이미 모든 기독 학교의 90퍼센트 가량의 학생은 무교이거나 타 종교에 귀의한 경우이기 때문에 채플에 대한 저항과 반발이 너무도 많습니다. 복음을 전하는 일이 조심스러워지는 가운데 목사님의 설교보다는 목회적 관점을 가진 전문인 사역이 이러한 학교에 더욱 절실해지는 상황입니다.

어느 학교를 가나 교목은 직접적인 전도보다는 우회적 전도를 해주면 좋겠다고 당부합니다. 저도 그런 입장을 충분히 이해하기 때문에 어떻게 하면 학생들에게 복음을 잘 전할 수 있을까를 항상 고민하며 채플을 대합니다. 그날 저는 이렇게 메시지를 전했습니다.

"여러분은 원석과도 같은 보석입니다. 이 보석의 아름다움이 각자의 내면에 숨겨져 있다는 것을 알아야 합니다. 그것은 원석 같아서 쉽게 보이지는 않지만 조용히 자기 내면의 양심을 넘어 영혼의 소리에 귀를 기울이면서 나는 누구인가를 찾고 나의 나 됨을 찾는 삶의 시간을 반드시 가져야 합니다. 저는 기독교인으로서 하나님을 믿는 믿음으로부터 저의 원석을 찾고 보석을 만들었습니다. 사람은 무엇으로 살까요? 눈에 보이는 것보다 더 특별하고 귀중한 내 안의 내면의 음성을 듣고 자신을 찾아가는 여러분이 되십시오."

집회를 마치고 수백 명의 학생들이 빠져나가는 동안 맨 뒤에서 휠체어를 탄 남학생 한 명이 강단 앞까지 나왔습니다. 자기를 S라고 소개한 그는 제게 물었습니다.

"저도 그런 보석을 찾을 수 있을까요? 그리고 제가 일어설 수 있을까요?"

저는 주저함 없이 "그럼요"라고 대답했습니다.

그로부터 일주일 정도가 지난 후, S군이 스타트레인을 찾아와 주었습니다. 한참 강연 준비를 하고 있는데 우리 강사 두 명이 난처한 얼굴로 상담실 문을 열고 들어와 1층에 휠체어를 탄 청년이 와 있는데 우리는 3층이고 엘리베이터가 없어서 어떻게 올라오게 해야 할지 모르겠다고 말했습니다. 그 말을 듣자마자 1층으로 내려갔습니다. S군이 거기에 있었습니다. 저는 S군에게 말했습니다.

"어서 일어나 올라가자!"

그 말을 들은 S군이 갑자기 휠체어에서 일어났습니다. 물론 중간에 강사들의 부축을 받아야 했지만, 처음 몇 발짝은 스스로 걸었습니다. 그렇게 우리는 3층까지 올라왔습니다.

S군은 운동을 마치고 나서 땀을 뻘뻘 흘렸습니다. 눈가에는 눈물이 고였고 입가에는 환한 웃음이 있었습니다. 자기 인생에서 이런 경험은 처음이며 너무도 행복했다고 말해 주었습니다. S군은 어린 시절부터 소아마비 환자로 휠체어를 의지했기 때문에 주변에는 물론이고 부모님에게도 "너는 평생 걸을 수 없을 거야"라는 말만 듣고 자랐다고 했습니다. 그러니 1층 계단 앞에서 제가 한 "어서 일어나 올라가자!"라는 말은 들어 본 적도, 상상조차도 할 수 없었다고 했습니다. 그러나 S군은 그 날 한마디에 힘입고 믿고 일어났다고 합니다.

사실 조금 부끄러운 얘기지만, 그 말은 제가 의도한 바가 아니었습니다. 사실 저 역시도 적잖이 놀랐습니다. 저는 단순히 어서 올라가자고 하려 했는데, 저도 모르게 '일어나서 올라가자'라는 말이 튀어나왔던 것입니다. 그 말을 듣고 S군이 정말 일어날 줄은 꿈에도 몰랐습니다. 아마도 하나님이 저와 S군에게 사람이 생각할 수 있는 제한을 없애려고 일하신 것 같았습니다.

S군과 함께 운동을 마치고 나와 종교를 물어봤습니다. 카톨릭이라고 하기에 카톨릭과 기독교의 차이와 하나님을 믿는 믿음과 행위가 형식보다는 본질에 있음을 편안하게 전했습니다. 그러면서 교회 예배에 나가도록 자연스럽게 추천해 주고 복음을 전하며 기도해 주었습니다. 세상에서 버려지고 사람들의 눈총을 받는 소외된 고아와 과부와 병자를 돌보시던 예수님과 제자들을 마음속에 그려 보며 나도 그런 예수님의 제자로 살아가기를 다시 한번 결단하는 하루가 되었습니다.

> **7** 가면서 전파하여 말하되 천국이 가까웠다 하고 **8** 병든 자를 고치며 죽은 자를 살리며 문둥이를 깨끗하게 하며 귀신을 쫓아내되 너희가 거저 받았으니 거저 주어라 마 10:7-8

그리스도와 함께 못 박혔습니다

어느 날 아는 집사님이 이제 막 스무 살을 넘긴 듯 보이는 남자 청년 두 명을 데리고 방문했습니다. 둘 다 편의점에서 물건을 훔

치다가 잡혀서 소년원에 다녀왔다고 했습니다. 저에게 운동을 배우면서 인생과 신앙 멘토링을 받으면 좋을 것 같아 데리고 왔다고 했습니다. 저는 두 청년에게 후회는 하되 거기에 매여 절망하기보다 앞으로를 위해 희망을 가지라고 얘기하고 내일부터 센터에서 잡일을 하면서 운동을 하자고 격려해 주었습니다. 다음날 한 청년은 오지 않았지만, 그날 찾아온 한 청년은 이후 매일 스타트레인에서 청소를 하고 운동 기구를 정리하는 등 온갖 궂은 일을 하며 차근차근 일을 배우기 시작했습니다. 저는 일을 하는 동시에 청년에게 운동을 지도해 주며 멘토 역할을 자처했습니다.

일과 운동을 배우며 스타트레인에서 성실하게 훈련을 받은 청년은 국가 공인 트레이너 이론 시험과 실기 시험을 합격하고 트레이너가 되었습니다. 이후 결혼을 하고 지금은 사랑하는 아내와 자녀를 둔 성실한 믿음의 가장으로 살아가고 있습니다. 이 청년을 통해 자신의 죄를 십자가에 못 박고 주님 안에서 새롭게 태어나 믿음으로 사는 삶의 실세를 보게 되었습니다.

내가 그리스도와 함께 십자가에 못 박혔나니 그런즉 이제는 내가 사는 것이 아니요 오직 내 안에 그리스도께서 사시는 것이라 이제 내가 육체 가운데 사는 것은 나를 사랑하사 나를 위하여 자기 자신을 버리신 하나님의 아들을 믿는 믿음 안에서 사는 것이라 갈 2:20

10 CHAPTER 하늘의 위로를 받았습니다

스타트레인에서 비로소 웃어 준 소녀

어느 날 불쑥 중년의 여성 두 분과 어린 여학생이 찾아왔습니다. 나와 첫 인사를 하고 나서 자리에 앉은 세 명은 아무 말도 없이 가만히 앉아 있었습니다. 서로의 눈만 응시하면서 바라보는 몇 분의 시간이 흐르면서 저는 이런 어색한 순간을 모면해 보려고 어떻게 말문을 열어야 할까 고민했습니다. 먼저 여학생에게 말을 걸었습니다. 중년의 여성 두 분은 어린 여학생을 위해서 오셨다는 느낌이 들어서였습니다.

그렇게 여학생과 이런저런 이야기를 나눈 지 5분 정도가 지났을 무렵, 무심한 얼굴로 제 얼굴조차 응시하지 않던 여학생이 "까르르" 하며 큰 소리로 웃음을 터뜨렸습니다. 웃기려고 한 것은 아니었는데 저의 아재개그 스타일 대화 방식이 통했던 것인지, 너무도 호탕하게 웃어 주었습니다. 그 순간 함께 온 여성 중 한 분이 눈물을 흘리면서 여학생을 바라보았습니다.

동시에 한 명은 웃고, 한 명은 울고 있는 상황에서 저는 조금 어리둥절했습니다. 제가 한 어떤 말이 이들을 울고 웃게 했는지 걱정이 되었습니다. 혹시 중년 여성에게 뼈아픈 상처라도 된 것이 아닐까 싶어졌습니다. 그런데 그런 저를 잠자코 지켜보던 또 다른 중년 여성 한 분이 천천히 설명해 주었습니다.

여학생은 중학교 2학년생 M양이며 과거 초등학교 5학년 때부터 중학교 2학년인 지금까지 약 3년간을 집과 학교에서 아무 말도 하지 않고 마치 벙어리처럼 살아 왔다고 했습니다. 작은 실수도 용납하지 않는 엄격한 아버지로 인한 위축과 불안감으로 대인기피가 심해졌으며, 자존감은 낮아져서 동급생 친구들 사이에서도 소위 왕따를 당했었다는 것입니다. 결국 학교생활이 힘들어서 휴학을 했다고 했습니다. 그리고 눈물을 흘리고 있는 분은 M양의 어머니인데, 이곳에 와서 딸의 목소리를 몇 년 만에 처음 들었다고 했습니다. 그 감격으로 눈물을 흘린 것이라고 말했습다.

저는 무려 3년간이나 말도 없이 지냈던 청소년이 스타트레인에 와서 마음을 열고 웃었다는 사실이 믿어지지 않았습니다. 이날 이후 M양은 스타트레인에서 운동을 꾸준히 다니며 저와 선생님들의 칭찬과 멘토링을 받으며 자존감을 높여 나갔습니다. 나중에는 학업을 이어갈 수 있을 정도가 되었습니다. 한번은 M양이 제빵사로 진로를 정했다면서 케이크를 만들어 왔는데 모양도 맛도 훌륭했습니다. 그런데 그 케이크가 가정 형편상 오븐이 없어 프라이팬으로 만든 것이라는 말에 저와 센터 강사들 모두가 믿어지지 않아 놀라고 감동을 받았습니다. 이후 M양은 고등학교 진학도 무리 없이 하고 친구들과도 잘 어울리며 학교생활을 잘하고 있다고 가족을 통해 소식을 전해 왔습니다.

아버지로부터 받은 상처 때문에

30대 중반의 여성이 어머니와 방문했습니다. 상담을 받기 전 설문지를 작성하는데, 운동 목표 란에 '체중 감량'이라고 적혀 있었습니다. 과체중으로 체지방이 무려 45퍼센트가 넘는 초고도 비만의 여성이었습니다. 설문지의 내용을 토대로 몇 가지 상담을 하면서 이 여성이 상대방의 눈을 편안하게 바라보지 못하는 것을 파악했습니다. 단순한 비만 해소만이 문제가 아니라는 걸 오랜 경험을 통해 직감할 수 있었습니다. 대인기피 문제는 비만과도 연관성이 아주 높다는 것을 저는 그동안 많은 사람을 상담하면서 경험했기 때문입니다.

일반적인 질문은 설문지에 다 있으니 재차 물어볼 필요가 없었습니다. 그녀가 어머니의 눈치를 계속 보는 듯해서 잠시 어머니께 로비에 앉아 계시도록 부탁을 드리고 개인 상담을 진행했습니다.

"체중을 줄이고 싶다고 하셨는데, 여기에 어떤 특별한 이유가 있을까요? 불편하지만 않다면 저는 시간 여유가 있으니 편안하게 설명해 줘도 괜찮아요."

이 질문에 여성은 울컥 눈물부터 훔치며 본인도 잊고 있었던 어린 시절의 기억을 끄집어냈습니다. 6살 전후로 기억하는 과거에 음식을 많이 먹는 본인을 향해 아버지가 "먹는 게 꼭 돼지 같네"라고 하셨답니다. 초등학교 때는 "미련하게 많이 먹는구나"라고 하고, 중학교 때는 "저렇게 먹어서 시집이나 가겠어?"라는 말씀을 입버릇처럼 하셨다고 했습니다. 그녀는 그때마다 주눅이 들었는데, 오히려 더 음식에 집착을 했다는 것입니다. 본인도 이런 기억을 상기한 것이 처음이고 놀라운 듯 점점 더 눈물이 깊어지기 시작했습니다. 이러한 이유로 학교도 간신히 졸업하고 직장생활을 잘하기도 힘들었다고 했습니다. 자신도 왜 먹는지 이유를 모르고 정신적으로 힘들 때면 어김없이 음식에 손이 간다고 했습니다.

사실 저는 심리상담에 대해서는 잘 모르고, 전문적으로 상담을 할 줄도 모릅니다. 그러나 제가 전문 상담사보다 잘할 수 있는 것이 있습니다. 누구보다 이 여성을 잘 알고 계신 하나님께 기도하는 것입니다. 이 병원 저 병원을 다니는데도 살을 못 빼다가 마지막이다 생각하고 찾아오는 분들이 있습니다. 우리가 그 대단한 병원 의료진보다 더 나을 것이 무엇이겠습니까? 다만 제게는 오직 하나님께 기도하고 매달리는 방법밖에는 없습니다.

기도를 하는데, 문득 이 여성이 아버지와의 직접적인 관계를 풀어야 한다는 것이 느껴졌습니다. 그래서 운동을 지도하면서 끊임없이 아버지를 용서하기를, 그리고 아버지를 위해서 기도하고 아버지와 대화하기를 권했습니다. 이제는 세월이 많이 흘러서 아버지도 기억하지 못하는 과거에 혼자만 매여 있지 말고 서로 풀 것은 풀어 냄으로써 자유한 마음을 가져야 한다고 알려 주었습니다. 아버지와의 대화를 통해 과거의 이 여성을 묶고 있던 마음이 풀리기 시작했고 아버지를 용서하고 화해함으로 아버지와 딸이 하나가 되는 가정 회복의 과정을 곁에서 지켜볼 수 있었습니다.

신체활동이 평균 정도인 사람은 배가 고플 때에만 적절하게 음식을 먹는다면 크게 비만이 될 원인과 이유가 없습니다. 문제는 배가 고프지도 않는데 먹는 것입니다. 바로 스트레스, 또는 상처감이 주범입니다. 내가 과거로부터든 현재로부터든 어떤 상황이나 무언가에 정신적 피로와 좌절을 경험하는 순간 무의식적으로 마치 본능처럼 음식에 손이 가고 먹을 것을 먼저 찾는 것입니다.

어떤 사람은 노래방에 가서 속 시원히 노래하며 응어리진 마음을 풀어 낼 수도 있고, 어떤 사람은 상처를 안주 삼아 술을 마시면서 해소하기도 합니다. 그러나 저는 상처와 스트레스를 해소할 방법으로 운동을 권합니다. 의식적인 운동을 통해서 몸을 회복하고 건강하게 만들면 규칙적인 삶의 생활과 신체적 상승이 서로 도와서 나의 약해져 있는 마음을 일으켜 세워 줄 것입니다.

몸의 회복이 가정의 회복으로까지

지인 목사님의 소개로 만난 Y님에게는 고민이 있었습니다. 가족 중에 혼자만 교회를 다닌다는 것과 대학생이 된 딸이 거식증에 걸려 불과 24kg의 체중으로 살고 있다는 것이었습니다. Y님은 뼈만 앙상하게 남은 딸을 보면 어찌할 바를 모르겠다고 했습니다. 좋다는 병원을 찾아다니며 정신과에도 입원해 보았지만, 만족할 만한 결과가 없었습니다. 그러다가 마침내 스타트레인까지 오게 된 상황이었습니다.

수많은 청소년과 청년 그리고 성인과 가정을 20년 넘게 만나다 보니 느껴지는 것이 있어서 몇 가지 질문해 보았습니다. 단순히 입맛이 없어서 살이 빠졌다기에는 정상적인 체중이 아닌 경우여서 가족의 친밀도에 관해 물었는데, 역시나 예상했던 대로 Y님과 남편 사이가 그리 좋지 않았습니다.

맞벌이를 했던 Y님은 집안보다는 대외 활동에 더 많은 시간과 열정을 쏟았습니다. 한편 남편은 자신의 취향에 맞는 취미와 활동을 하며 각각의 삶을 살았습니다. 그사이 딸 H양은 어린 시절부터 부모를 떠나 중고등학교는 물론 대학마저도 외국에서 홀로 유학 생활을 하며 외로운 시간을 보냈던 것이 문제가 되었습니다.

Y님에게 자녀인 H양의 청소년기가 얼마나 외로웠을지를 상기시켜 드렸습니다. 그러면서 부모의 사랑을 충족할 만큼 받아야 할 시기에 홀로 떨어져 있는 것은 사랑의 결핍으로 이어졌을 것이라

고 말씀드렸습니다. 처음에는 전화나 문자 메시지로 매일같이 연락하던 부모 자녀 사이도 한 달 두 달, 1년 2년이 되면서 뜸해집니다. 특히 부모의 연락이 줄어들면 자녀는 더욱 쓸쓸해집니다. 이러한 사랑 결핍을 채우기 위한 어떤 대상을 찾게 되는데, 그것이 학업, 취미, 종교 같은 건전한 방향으로 가기보다는 불건전하거나 위험한 방향으로 흐를 가능성이 더 높습니다. 그래서 부모의 관심과 사랑이 필요한 것입니다.

자연스러운 계기를 만들어서 H양이 운동을 다니게 되었습니다. 첫날 맑고 순수한 H양의 얼굴과 앙상한 모습이 대조되어 보이면서, 어떻게든 몸의 회복을 돕고 싶다는 생각을 했습니다. 그 과정 가운데 H양이 한국에 있는 휴학 기간 동안 마음이 회복될 수 있도록 도움을 주어야겠다고 생각했습니다.

운동을 하며 틈틈이 H양에게 밝고 긍정적인 인생의 이야기를 전해 주었습니다. 그리고 가족의 중요성을 말하며, 부모님에게 자신이 얼마나 외로웠는지 말해 보라고 권했습니다. 부모에게 먼저 다가가 손 내밀 수 있도록 응원해 주었습니다.

첫 번째 미션은 제가 만든 스타트레인 생활 습관 다이어리를 시작함에 앞서 맨 앞장에 아빠, 엄마, 할머니, 동생의 응원과 격려의 메시지를 적어 오는 것이었습니다. 그리고 날마다 식사 전이나 감정, 생각 등을 일기에 적기 전에 사랑이 담긴 가족의 메시지를 읽고 쓰도록 했습니다. 이유 없이 힘들고 지칠 때도 일기를 펴서 보라고 했습니다.

　두 번째 미션은 아빠, 엄마에게 사랑한다고 말하는 것입니다. 과거에 외로웠다는 이야기를 기억나는 대로 하나씩 전하고 풀어 볼 것을 권했습니다. 그리고 아직 온 가족이 함께 모여서 식사를 못해 본 것 같아서, '온 가족과 식탁에 둘러앉아 대화하며 식사해 보기' 같은 것을 소소한 미션으로 제시했습니다. 방법을 모를 때는 상황을 세세히 알려 주었습니다.

　이렇게 시간이 지나면서 2주가 되었을 때 H양의 체중은 어느새 33kg으로 늘었습니다. 근육과 체중이 함께 늘었고, 무엇보다 이전보다 웃음도 많이 늘었습니다. 부모님이 변화하는 딸 덕분에 행복하다는 것을 H양도 직접 들으며 과거 외로움으로 받은 상처가 치유되었습니다. 가족이 더 훈훈해지고 사랑이 피어올랐습니다. H양의 몸의 회복과 마음의 회복 그리고 이어서 가정의 회복으로 이어지는 단계로 이어지게 되었습니다.

우리 모두 위로가 필요해

　스타트레인에서 운동하던 60대 여성 S씨가 있었습니다. 여느 때처럼 열심히 운동을 배우고 있는 중에 갑자기 눈물을 흘리면서 운동을 잠시 멈추어야겠다고 했습니다. 순간 제가 운동을 과하게 시켜서 관절에 통증이 있는 걸까 하던 순간 먼저 S씨가 말을 꺼냈습니다.

"저도 왜 이러는지 모르겠습니다. 운동을 하는데 아무런 이유 없이 눈물이 나왔거든요. 생각해 보니 선생님이 운동하는 내내 칭찬과 격려를 해주셔서 저도 모르게 눈물이 나온 것 같습니다."

S씨는 어린 시절 부모로부터 칭찬을 받고 자란 적이 없다고 했습니다. 그래서 스스로가 잘하는 것이 없고 남들보다 못하다는 평가를 내리고 살아왔는데, 60년 만에 처음으로 칭찬과 격려를 듣게 된 것입니다. 그 덕에 위로받는 것이 얼마나 따뜻한 일인지 알게되었다고 했습니다. 운동이 단순한 몸의 변화가 아닌 마음과 영혼을 회복시켜 준다는 제 말을 머리로만 이해하다가 비로소 마음으로 느꼈다고 했습니다.

우리는 모두 위로와 응원이 필요한 사람들입니다. 이런 위로와 응원을 끊임없이 해주는 분이 있습니다. 바로 하나님이십니다. 내 안에 계신 하나님의 미세한 음성을 듣기 위해 오늘도 우리는 꾸준히 영적 복근을 길러야 합니다. '복'의 '근'원 되시는 하나님을 온전히 온몸과 마음으로 믿고 그 믿음대로 살아야 합니다.

11 CHAPTER

부족한 자에게도 찾아오십니다

서툴지만 순수한 찬양을 받으신 하나님

교회에 함께 다니는 형님으로부터 U님을 소개받았습니다. U님은 한때 우리나라 식 SNS로 붐을 일으킨 창업자였습니다. 교회 형님은 명석하고 뛰어난 친구가 있는데 이혼하고 클럽을 오가며 술과 춤에 인생을 낭비하고 있다면서, 춤을 좋아하니 신체를 움직이는 운동을 하면서 하나님까지 알게 된다면 더할 나위 없겠다고 말했습니다.

U님을 처음 만난 날, 그는 어린아이처럼 순수하면서도 보통의 사람들과는 너무도 다른 성향의 사고방식과 생각을 가지고 있다는 생각이 들었습니다. 모든 것이 평범하지 않은 그를 보면서 운동을 시작했고 운동 내내 대화가 끊이질 않았습니다. 모든 것에 호기심을 보이는 그는 운동에 관한 내용에 대해 하나씩 물어보기

시작했고 저는 질문에 답해 주었습니다. 운동 시간이 끝나는 줄도 모를 정도로 대화가 꼬리에 꼬리를 물었습니다. 이렇게 세상의 수많은 것에 호기심과 관심을 갖고, 구태의연하지 않은 뛰어난 창의력으로, 다수에 끌려가는 것이 아닌 자신만의 색깔을 드러낼 줄 아는 이 사람이 하나님을 믿으면 정말 많은 사람에게 좋은 영향을 끼칠 수 있겠다고 생각했습니다.

우리는 시간이 지나면서 삶과 죽음, 죽음 이후의 세상, 천국과 지옥, 믿음과 신, 영원한 것과 영원하지 않은 것 등 여러 가지 주제에 관해 이야기하게 되었습니다. 그러다가 전도의 기회가 열렸고, U님을 교회에 초청했습니다. U님은 사업이 어려워지는 시점에서 과거의 명성을 뒤로하고 술과 클럽보다는 하나님을 찾기 시작했습니다.

그러던 어느 날, U님이 저에게 본인 사무실에서 예배를 드리려고 하는데 와서 함께 일하는 직원 두 명에게 신앙 나눔을 해 달라고 요청해 왔습니다. 믿은 지도 얼마 안 되면서 벌써 직장 예배까지 만들었다는 말에 적잖이 놀랐습니다. 그렇게 U님 사업장에 방문했던 날을 지금도 잊을 수 없습니다. 그분은 예배 시작을 위해 스스로 기타를 연주하면서 찬양 인도를 했습니다. 기타를 배운 적이 없는지 음도 맞지 않고, 찬양 가사도 제멋대로였습니다. 그야말로 웃음밖에 나오지 않는 엉뚱한 찬양이었습니다. 그런데 두 명의 직원은 찬양을 해본 적이 없는지 그것도 모른 채 순순하게 따라 부르고 있었습니다. 그 모습을 보자니 웃음이 터져나오면서 동시에 이런 생각이 들었습니다. '하나님은 상황과 환경이 준비된 상태에서 우리를 맞아들이는 분이 아니구나. 믿는 그 자체의 믿음을 사랑하시고 서투른 박자와 노래라도 순수한 믿음의 제사를 받으시는구나!'

이후 U님은 저의 소개로 교회에서 자매를 만나 결혼도 하고, 자녀도 낳아 신앙의 기초를 둔 가정생활을 행복하게 잘하고 있습니다. 스타트레인을 통해 한 경험 중 손꼽을 정도로 유쾌하고 즐거운 기억입니다.

나 같은 죄인도 교회에 갈 수 있나요

하나님을 믿은 지 얼마 되지 않았을 즈음, 제가 청년 시기 살던 오피스텔에서 있었던 일입니다. 주일 이른 아침에 분리수거 쓰레기를 버리고 1층에서 엘리베이터를 탔는데, 급히 한 분이 따라 들어왔습니다. 50대 중반 정도로 보이는 남성이었습니다. 말쑥하게 정장을 입고 있는 모습과는 대조적으로 술 냄새가 온 엘리베이터 안에 숨도 못 쉴 정도로 퍼졌습니다. 남성은 자기도 민망했는지 입을 손으로 가리고 있었지만 냄새를 막기에는 역부족이었습니다.

그분과 잠시 눈이 어색하게 마주치고 순간적으로 토요일 밤부터 일요일 아침까지 밤새도록 술을 마실 만큼 뭔가 공허한 게 있으신가 보다 하는 마음이 듦과 동시에 이분이 하나님을 믿으면 좋겠다는 생각이 들었습니다. 그런데 교회에 모시고 가야 한다는 성령님의 마음과 괜히 말 한마디 잘못 꺼냈다가 앞으로 엘리베이터에서 또 보게 되면 민망해서 어떡해야 하나 하는 제 생각이 뒤섞여 잠깐이지만 너무 고민이 되었습니다.

순간 아이디어가 떠올랐습니다. 저는 5층에서 내릴 것이고, 저분이 누른 층수는 9층이니까 5층에서 엘리베이터 문이 열리는 순간 짤막하게 '아저씨, 하나님 믿고 교회 다니세요'라고 말하고 후다닥 내리면 그래도 좀 덜 민망하겠다는 생각이었습니다. 그때 다시 그분과 눈이 마주쳤고 저는 주저함 없이 "아저씨, 하나님 믿고 교회 다니세요"라는 말과 함께 내리려고 했습니다.

그런데, 아뿔사! 이런 생각을 하느라고 5층 버튼 누르는 것을 잊었습니다. 엘리베이터는 5층을 지나 6층, 7층으로 올라가고 있었습니다. 너무 당황한 나, 그리고 놀라서 저를 빤히 쳐다보는 빨간 눈의 아저씨 사이에서는 몇 초간 시간이 정지된 듯 정적이 흘렀습니다.

그런데 잠시 후 그분이 던진 말은 저에게 큰 충격을 안겨 주었습니다. 아저씨는 저를 보며 "나 같은 죄인도 교회에 갈 수 있나요? 나 같은 죄인도 하나님이 만나 주시나요?"라며 눈물을 흘리는 것이었습니다! 말을 던진 제가 그분보다 더 크게 놀라서 즉각적인 대답도 못하고 "네"라고 외마디로만 간신히 대답했습니다.

그분은 이어서 "그러면 지금 바로 집에 들어가서 양치만 하고 나올게요. 교회에 따라 가겠습니다"라고 하셨고 나도 무엇에 홀린 듯이 그분을 데리고 교회로 가게 되었습니다.

이후 그분은 술을 자정까지 마신 날이면 전화를 걸어와서는 "정 선생이 보고 싶어서 전화했어요"라며 저를 찾았습니다. 그럴 때면 새벽 몇 시가 되었든 그분이 술을 마시는 술집에 가서 부축해 모셔 오곤 했습니다. 돌아오는 길에는 그분에게 기도해 드렸습니다. 사연을 들어 보니 기러기로 살아오신 지도 오래되었고, 그러다 보니 자연스럽게 이혼하게 되어 지금은 의료 사업체를 운영하시면서 혼자 살고 있다고 했습니다.

살고 있는 오피스텔도 덩그러니 큰 집에 있기가 싫어서 개인 사무실처럼 쓰려고 얻었다고 했습니다. 세상적으로는 성공도 했고 부유한 분이었으나 영혼이 말라 가는 상태였던 것입니다. 그분과 함께 교회 예배를 참석하고 또 제가 초청받은 집회에도 함께 갔습니다. 그렇게 지방까지 다니면서 우정이 조금씩 싹트기 시작했습니다. 급기야 아프리카 케냐에 의료 선교사들이 의료 봉사를 할 수 있도록 병원 짓기에 동참하는 후원까지 하게 되었습니다.

저는 이후 사람들을 만나면서 복음의 제시에는 인간의 기준이나 순서가 적용되지 않는 것을 알게 되었습니다.

커피 알바생에서 찬양 가수로

처음 하나님을 믿고 나서 저는 만나는 사람마다 전도하고 싶었습니다. 그중 한 명이 제가 청년기에 살던 오피스텔 맞은편 커피숍 알바생이었습니다. 당시에 저는 일을 마치고 나면 어김없이 그 커피숍에 가서 밤 8시부터 자정까지 책을 쓰곤 했습니다. 최소 1년간은 그렇게 지냈습니다. 커피숍에 머무는 시간이 길다 보니 알바생과 이런저런 이야기를 나누는 일도 생겼습니다.

그러다가 한번은 알바생과 음악에 관한 이야기를 나누게 되었습니다. 알고 보니 그 알바생이 가수지망생이었던 것입니다. 저는 책을 쓰며 이어폰을 꽂고 찬양 음악을 듣곤 했는데, 잘됐다 싶어 그 음악을 들려주었습니다. 그런데 알바생이 이런 음악은 처음 들었다면서 집중해 들어 주었습니다.

얼마 지나지 않아 그 알바생은 제가 속해 있는 예수님의 제자 중보모임 12명 구성원 중 한 명이 되었습니다. 지금은 대중가요와 찬양을 부르며 주님의 은혜로 왕성하게 활동하고 있습니다.

불신자에서 가야금 찬양사로

중보모임은 예수님의 제자들이라는 의미 아래 약 2년간 지속이 되었습니다. 우리 모임을 거쳐간 형제, 자매들은 신앙 공동체에서 함께한 덕분에 감사하게도 각자 자신의 분야에서 최선을 다하며 모두가 신앙생활을 잘하고 있습니다. 그중에 가야금 연주를 하던 한 청년은 당시 신앙이 없었는데, 앞으로 어떻게 진로를 정해야 할지 고민하는 가운데 우리 공동체에 함께하게 되었습니다.

우리는 매주 수요일 저녁 6시에 만나 함께 간단히 식사하고 7시부터 9시까지 두 시간 정도 모임을 가졌습니다. 서로가 추천하는 찬양을 기쁨으로 부르고 나서 각자 한 주간의 좋은 일 기쁜 일 등 소소한 이야기를 나누며 서로 격려하고 응원했습니다. 모두 함께 한 명씩을 위해 합심 기도하는 시간을 마지막으로 모임을 마쳤습니다.

스타트레인이라는 이름이 그때 만들어졌습니다. 예수님의 제자가 되고자 하는 이런 공동체에 어떤 이름이 좋을까 고민하며 기도하던 중 별을 따라가는 기차의 환상을 보고 기도 모임의 이름을 스타트레인이라고 짓게 된 것입니다. J자매는 모임을 통해 자연스럽게 하나님을 믿게 되었고, 교회에도 출석하게 되었습니다. 지금은 기독교계에서는 가야금 찬양사로, 교계 밖에서는 가야금 연주자로 열심히 활동하고 있습니다.

아무것도 하지 않고 싶을 땐

체중이 140kg 가까이 나가는 30세 청년이 있었습니다. 부모에 의해 센터로 오게 된 청년은 소위 말하는 일류대학을 졸업한 청년이었지만 대학을 졸업하고 나서 직업을 갖지 않고 부모의 용돈으로 생활하고 있었습니다. 보다 못한 부모가 소문을 듣고 저에게 아들을 부탁하려고 보냈던 것입니다. 청년의 부모는 꽤 유명한 식당을 운영했는데, 청년은 그곳에서 고기 불판을 갈아 주는 일을 했습니다. 그러다가 부모에게 잠시 일이 생겨서 청년에게 계산대를 맡기고 외출을 하면 그날 들어온 현금을 모두 가지고 나가서 몇 날 며칠을 집에 들어가지 않고 놀다가 돈을 모두 탕진하면 다시 집에 들어오곤 했습니다.

청년에게 제가 가장 처음 한 질문은 무엇을 하고 싶은가였습니다. 청년은 아무것도 하지 않고 놀고 싶다며 그렇게 하기 위해서는 돈이 많이 필요한데 부모님이 돌아가시면 식당을 이어받아서 돈을 맘껏 쓰고 싶다고 했습니다. 어이가 없었지만 이 청년에게 부모의 자녀 사랑과 돈의 귀함과 하나님의 마음을 알게 해야겠다는 결심이 섰습니다. 먼저 운동을 지도하면서 청년의 마음 문을 열었고, 무의미하게 시간을 보내는 청년에게 저의 수행비서를 부탁했습니다. 제가 가는 강연이나 집회에 동행해서 맨 앞자리에 앉아 강연을 모니터링하라고 시켰고, 본의 아니게 청년은 강연을 진지하게 들을 수밖에 없었습니다.

하루는 제가 어렸을 적에 일했던 청량리 새벽시장에 데리고 가서 배추 나르는 일을 함께했는데, 500원짜리 시금치 한 단을 팔기 위해 새벽같이 나온 90세 할머니와 자식 뒷바라지를 해주고 싶다는 마음으로 이른 새벽에 잠을 이기고 나와 목이 쉬도록 과일을 파는 노점상을 보면서 청년은 점점 말이 없어졌습니다. 시장에서의 경험은 말로는 배울 수 없는 것들이었습니다.

강연과 집회, 시장과 봉사활동까지 저의 모든 일상을 함께하며 잠잠히 청년의 마음 한가운데에서 일하실 하나님을 기다렸습니다. 6개월이 지나자 청년은 자신을 향한 부모님의 사랑에 눈을 떴습니다. 그리고 하나님의 사랑을 알게 되었습니다. 그러는 가운데 살도 빠지면서 건강한 몸으로 변하기 시작했습니다.

몸과 마음이 변화된 청년에게 필요한 것은 성취감 있는 일을 시작하는 것이었습니다. 직장을 알아봐 주고 서류 전형을 챙겨 주고 면접을 보는 표정과 말투, 행동, 매너를 가르쳐 주었습니다. 결국 청년은 좋은 직장에 입사했고 지금은 행복한 가정을 꾸려 살아가고 있습니다.

세상 인기와 명예도 하나님 앞에서는 무익한 것

배우 L님은 우리나라에서 흥행을 여러 번 시킨 영화와 드라마의 주연으로 오랫동안 사랑을 받고 있는 연예인입니다. 본인의 노력과 무관한 일 때문에 무려 8년 이상 활동을 제대로 하지 못했는데, 또 어려운 상황이 연이어 벌어지며 오랫동안 준비했던 작품들마저 무산되는 과정까지 겪어야 했습니다. 막다른 골목에 서 있는 자신을 보게 되었고, L님은 하나님을 찾기 시작했습니다.

　L님은 성경을 꺼내어 읽기 시작했고 유튜브를 통해 여러 목사님의 설교를 들으면서 하나님을 구하기 시작했습니다. 그리고 인기와 명예를 얻었다고 자칫 교만했던 자신을 돌아보게 되었습니다. 그러던 중에 하나님을 만나며 회개하는 놀라운 기적이 일어났습니다. 각종 시상식에서 싱을 받는 것이나 카메라 플래시 세례를 받는 것이 하나님 나라와 무관하며, 오직 돈과 인기와 명예만 좇다가 자칫 지옥에 갈 뻔한 인생이었다고 고백했습니다.

　우리의 우정이 어느덧 15년이 넘어가고 있습니다. 함께 운동하고 기도하며, 또 예배를 드리면서 우리는 신앙의 동역자로서의 새로운 대화와 교제를 이루고 있습니다. 날마다 성경을 읽으며 깊이 있게 하나님의 역사하심을 삶의 간증으로 채워 가며 더는 과거와 같은 인생을 살지 않겠다고 결신하는 그의 모습에서 단순한 교회 출석이나 종교 선택이 아닌 성령님을 만난 확고한 믿음의 모습을 보게 되었습니다.

　어쩌면 우리 인생은 바쁘게 살다가 바쁘게 죽는 것 같습니다. 죽으면 인기도 명예도 돈도 다 소용이 없습니다. 내 것이 아니기 때문입니다. 내 자녀에게 상속을 해도 결국 자녀가 늙고 죽으면 자녀의 소유도 아닙니다. 대대로 소유를 이전 시켜도 돈의 부동산의 청지기는 될지언정 주인이 될 수는 없습니다. 인간은 자신이 가지려는 것을 가질 만한 영원한 생명을 이 땅 가운데 가지지 못했기 때문입니다. 영원하지 않은 인간이 영원한 것을 소유할 방법은 단 한 가지입니다. 살아 계신 하나님을 만나고 그분의 자녀로 택함을 받아야 합니다.

그러면 유한한 삶에서 무한한 삶으로 살아갈 수 있습니다. 죽어서만이 아니라 이 세상에 사는 동안에도 영원한 삶을 사는 모습으로 살아갈 수 있습니다. 내 소유가 하나님의 소유임을 알게 되고 나 중심이 아닌 하나님 중심의 눈과 세계관을 가지게 됩니다. 그러면 내가 하고 싶은 일이 아닌 하나님이 관심을 두시는 것에 관심을 가지게 되고 그 가운데 나아가며 살아 갈 수 있습니다. 유한한 삶 동안에 무한하신 하나님의 일을 이 세상 가운데에서 실천하고 살아 볼 수 있는 특별한 경험, 다시 말해 특별한 축복을 누리면서 살아갈 수 있습니다.

그것은 내가 현재 살고 있는 지역과 나의 포지션에서부터 할 수 있는 일입니다. 뜬구름 같은 허망한 상상이 아닌 현실적인 나를 둘러싸고 있는 사람들과의 관계를 통해서 하나님이 일하심을 깨닫게 됩니다. 그리고 하나님을 전할 수 있게 됩니다. 이것이 존 스토트 목사님이 정의한 전도, 대화, 구원, 회심으로 이어지는 선교의 총체입니다.

감사를 전하며

영·혼·육의 센터 '스타트레인'을 위해
함께 기도해 주신 분들께

하나님을 믿고 처음 이유경 씨의 성전 복구 운동을 돕던 중 장애인 복지관에서 장애인들의 건강을 회복하는 일을 시작하게 되었습니다. 우연히 인터넷에서 장애인 체조 교사 봉사자 모집 광고를 보았습니다. 사랑의 복지관이라고, 사랑의 교회에서 운영하는 비영리 단체로 정신지체장애인들을 섬기는 곳입니다. 몇 달 전에 올린 광고였는데 조회수가 거의 없다시피 했습니다. 제가 누구보다 잘 알고 할 수 있는 일이었습니다. 하나님께 받은 달란트를 통해 이웃을 섬기고 나눌 수 있겠다는 생각에 주저없이 장애인 복지관에 전화를 걸었고 바로 그 다음 주부터 매주 월요일 아침 9시에 장애인을 위한 운동으로 봉사하기로 했습니다.

성별도, 연령대도 다른 장애인 약 50여 명이 모여 있었습니다. 아무래도 정신지체장애인들이다 보니, 평균 나이 20-35세라는 것이 무색할 정도였습니다. 정신의 나이는 약 7세 정도의 수준이라 정말 아이들처럼 저를 반겨 주었습니다. 운동을 가르쳐 보았습니다. 50명이 다 제각기 다른 동작을 했습니다. 이런 코미디가 따로 없습니다. 그럼에도 그 가운데에 장애인 친구들의 얼굴을 보면 기쁨과 행복이 교차하는 모습을 볼 수가 있었습니다. 몸과 마음의 치유는 제가 하는 것이 아니고 이 가운데 함께 계신 성령 하나님이 하시는 것을 볼 수가 있었습니다.

약 3개월 정도 봉사하면서 문득 이런 생각이 들었습니다. '충분히 좋은 일을 했다. 하나님이 기뻐하셨을 거야.' 저는 장애인 봉사를 이 정도로 마쳐야겠다고 생각했습니다. 스스로 자족하면서 마지막 수업을 위해 복지관을 들어섰습니다. 오늘 운동을 마치자마자 복지사님을 만나서 그만두겠다고 말해야겠다고 생각했습니다.

그런데 그날 운동실 문을 여는 순간 "안녕하세요! 보고 싶었어요!" 라는 말과 함께 30여 명의 장애인 친구들이 쏟아져 나와 저를 감싸 안고 손을 잡고 껴안아 주었습니다. 그 순간 조금 전 생각은 온데간데없이 사라졌습니다. 하나님이 이 친구들을 위로하라고 저를 보내신 것이 아니라 저를 위로해 주시려고 이 친구들을 보내 주셨다는 사실을 깨달았습니다. 눈물이 제 눈가에서 흘렀습니다. 장애인 친구들이 "왜 울어요?"라고 묻는데 할 말이 없었습니다. 이 사건을 이후로 20년이 넘게 현재까지 장애인 운동 봉사를 하고 있습니다.

지금은 강남구에 의뢰하에 강남구 지역 각기 다른 여섯 개의 장애인 복지관에 속한 지체, 뇌병변, 발달, 청각, 시각장애인들의 건강을 돕는 자문 전문가로 강연 및 장애인 건강 메뉴얼을 만드는 활동을 하고 있습니다. 이곳에서 장애인 친구들을 10년간 지도하면서 틈만 나면 옆에 있는 사랑의교회 예배에 참석해서 옥한흠 목사님의 설교를 듣고 주일에는 온누리교회 하용조 목사님의 설교를 들으면서 청년기의 신앙생활을 시작했습니다. 현재의 제가 있도록 기도해 주시고 이끌어 주며 신앙의 본보기를 보여 주신 크신 믿음의 선배님들에게 이 자리를 빌어 감사의 인사를 전하고 싶습니다.

부모님이 별거를 하시고 서울에서 천안으로 내려가 어머니와 여동생과 살던 당시, 집 앞에 있던 교회를 처음으로 가게 되었습니다. 그 당시 천안 봉명교회 김병오 담임목사님과 이춘수 담임 선생님 안에서 유아부 시절을 보냈습니다. 아동기에는 동도교회 최훈 목사님, 청소년기에는 동안교회 김동호 목사님, 그리고 청년기 이후로 남포교회 박영선 목사님과 사랑의 교회 옥한흠 목사님, 온누리교회 하용조 목사님의 말씀으로 채웠습니다. 그밖에도 횃불트리니티신학대학원대학교 총장이던 김상복 목사님과 이정숙

교수님, 베이직교회 조정민 목사님, 청주 상당교회 안광복 목사님, 미주장로회 신학대학교의 이상명 총장님, 삼성병원 원목으로 계셨던 김정숙 목사님, 코너스톤교회 이종용 목사님, 오산 초대교회 윤종호 목사님, 이음교회 이준배 목사님도 제 믿음을 채찍질해 준 멋진 믿음의 선배님들입니다. 저에게 신앙적인 응원과 힘을 실어 주신 기도의 중보자들, 김석봉 장로님과 박종호 성가사님, 김세대 장로님과 평양과학기술대학교 이승율 총장님과 박재숙 권사님, 온누리교회 정진호 장로님, 정경라 권사님과 조옥형 권사님, 원영옥 권사님, 문성욱 집사님, 방윤성, 서연희 집사님 부부, 임윤경 전도사님, 고수진 집사님에게도 감사를 전합니다. 또한 스타트레인의 미션을 따라 함께해 주는 허은학 매니저, 조영광 팀장, 조해진 선생에게도 감사를 전합니다. 사랑하는 나의 버팀목인 아내 효진과 자녀인 태이, 은이, 준이, 그리고 부모님과 장인 장모님께도 깊은 사랑의 마음을 전합니다.

마지막으로 부족한 저의 모든 삶에 늘 동행하시고 사랑으로 채워 주시며 성전의 몸을 건강하게 하는 분야의 전문가로 사용될 수 있게 달란트를 주신 하나님께 이 모든 영광을 올려 드립니다.

여호와는 나의 목자시니 내가 부족함이 없으리로다 시 23:1

부록

운동이 우리에게 주는 삶의 유익 십계명

01 　운동은 감정적인 마음을 가라앉히고 평정심을 찾게 해줍니다.

02 　운동은 규칙적인 삶의 습관을 만들어 주고 흐트러지지 않는 균형감을 만들어 줍니다.

03 　운동은 우울과 절망감을 씻어 주고 성취감과 긍정적인 마음을 전해 줍니다.

04 　운동은 늘 게으른 자신과의 싸움을 통해 이겨 내는 내적 승리감을 제공합니다.

05 　운동을 하면 할수록 노력과 인내를 배웁니다.

06 운동은 점차 건강한 수면과 식사로 이어져서 나 자신을 사랑하는 법을 배우게 합니다.

07 운동은 나를 생동력 있고 활기찬 모습으로 바꿔줘 주변 사람들에게 삶의 의욕을 전염시킵니다.

08 운동은 삶의 시간을 더 늘려주고 생산적이고 효율적이게 만들어 줍니다.

09 운동은 내가 살아 있음을 더 선명하게 느끼도록 해주고 삶의 의미를 부여해 줍니다.

10 운동은 내 몸이 곧 성전이요 교회인 것을 깨닫게 해주는 하나님의 선물이며 축복입니다.

목적이 이끄는 몸 : 운동하며 많이 궁금해하는 질문들

1. 유산소 운동을 할 때는 걸어야 하나요, 뛰어야 하나요?

뛸 듯이 걸어야 합니다. 아무런 목표도 없이 마냥 뛰다가 지치면 걷는 것도 쉽지 않아 나중에는 털썩 주저앉기도 합니다. 그래서 먼저 뚜렷한 목표를 정한 뒤에 자신의 최고 심박수의 70퍼센트 이상의 심박수로 오랫동안 같은 속도를 유지하며 힘을 내서 걷는 것이 좋습니다. 신앙도 마찬가지입니다. 방향이 정해지지 않은 상태에서 선교와 봉사에 너무 열정을 내면 지치고 맙니다. 목표를 정하고 방향과 거리를 계산하고 목적지에 도달하려면 체력이 어느정도 필요한지 계산해 보고 체력을 준비해야 합니다. 그리고 출발하면 뒤도 돌아보지 말고, 곁길로 가지도 않고 단순한 믿음으로 목적지까지 나아가야 합니다.

2. 공복에 유산소를 하는게 좋은가요, 먹고 하는 게 좋은가요?

공복이든 먹고 하든, 운동을 하는 게 중요합니다. 무엇을 할 때 이유나 핑계가 많으면 중요한 일도 할 수가 없습니다. 신앙도 마찬가지입니다. 믿으면 실천으로 옮겨야 합니다. 마음에 묵상만 하고 행동으로 옮기지 않으면 그것은 내 것이 아닙니다.

3. 아침에 운동하는 게 좋은가요, 밤이 좋은가요?

아침이든 저녁이든 해야 합니다. 시간과 상황을 따지고 가려서는 어느 것 하나도 집중할 수 없고 성취해 낼 수 없습니다. 공부는 좋은 책상으로 하는 것이 아니듯이 운동도 시간과 환경이 만들어 주는 것이 아닙니다. 하려는 사람의 목표를 향한 동기부여와 실천 그리고 인내가 필요하고 중요합니다.

자기 전에 운동을 한다면 숙면을 위해 따뜻한 물로 샤워를 하고 나서 전신의 스트레칭을 가볍게 해주는 것이 좋습니다.

4. 내 몸을 있는 그대로 사랑하는 법을 알고 싶습니다.

유행하는 다이어트 방법이나 사람들의 말에 쉽게 현혹되거나 유명 연예인의 몸매와 관리 방법을 보면서 따라하지 마십시오 남들과 비교하기보다는 나의 건강과 체형, 습관등을 체크하고 나만의 루틴을 만들어 관리하는 것이 내 몸을 그대로 이해하고 사랑하는 건강한 관리 방법입니다.

5. 공복에 유산소하는 게 효과가 좋다고해서 하고 있는데 너무 어지러워요. 운동이 끝나고 5분 뒤에 바로 밥을 먹어도 되나요? 탄력을 유지하면서 살을 빼려면 어떻게 운동하는 것이 좋을까요?

공복에 어지러우면 이온음료를 마시면서 운동하는 것을 권합니다. 그리고 운동 후에는 반드시 피로해진 근육 세포에 영양을 주기 위해서 음식을 섭취해야 합니다. 체력을 만들려면 탄수화물과 단백질, 섬유소(채소)의 비율을 4:4:2의 비율로 먹고 체중을 줄이려면 4:2:4의 비율로 섭취하는 것이 좋습니다.

몸의 탄력을 유지하면서 체중을 감량하기 위해서는 매일 30-60분 정도 빠르게 걷거나 느리게 달리되, 한 주에 세 번은 30-60분 정도 근력 운동을 하는 것이 좋습니다.

6. 대표님도 운동을 하기 싫을 때가 있나요? 그럴 땐 어떤 마음으로 극복하나요?

사람은 다 똑같습니다. 저도 운동하기 싫을 때가 있습니다. 그럴 때는 "오늘은 정말 운동하기 싫다"라고 말하면서 운동을 합니다. 본능에 충실하게 살아가느냐, 아니면 그럼에도 본능을 이기려고 나의 의지로 싸워 승리하느냐의 차이가 있을 뿐입니다. 처음엔 싸움에서 지더라도 의지와 습관을 들이면 지는 횟수보다 이기는 횟수가 많아 집니다. 중요한 것은 포기하지 않고 해야 이기는 횟수가 많아진다는 것입니다.

7. 30대 이후 건강을 위해서 꼭 해야 하는 운동은 무엇일까요?

무산소(근력)운동, 유산소(심폐)운동, 스트레칭입니다. 이 세 가지는 운동을 구성하는 중요한 요소입니다. 1시간 동안 운동을 한다면 이 세 가지를 빠뜨려서는 안 됩니다. 20분 걷기, 20분 근력운동, 20분 스트레칭을 하는 방식으로 이해하면 좋겠습니다.

8. 식사량이 보통 사람들과 비슷하고, 평균보다 많이 운동해도 살이 잘 안 빠집니다. 대표님이 지도한 사람들 중에도 그런 사람이 있었나요? 있었다면 어떻게 지도했나요?

몸에 블랙홀이 있는 사람은 없습니다. 많이 먹으면 많이 찌고 적게 먹으면 살이 빠집니다. 그럼에도 그렇지 않은 분들은 음식만이 아닌 하루의 생활 패턴과 수면 등의 전반적인 생활 습관을 들여다보아야 합니다. 선천적으로 부모의 유전적 영향을 받은 사람도 운동, 영양, 수면의 변화를 균형 있게 주면 몸이 변합니다.

9. 하체 살 빼는 데 도움되는 운동이 있을까요?

우선 하체 비만이 나쁜 것만은 아닙니다. 하체에 근육이 많다는 증거인데 이런 사람은 기본적으로 근육이 적은 사람보다 체력이 우수하고 잔병을 앓지 않습니다. 힘의 원동력을 하체의 근육에서 얻기 때문입니다. 그럼에도 하체의 살을 줄이고 싶다면 유산소, 무산소, 스트레칭으로 이어지는 하루 루틴 운동을 꾸준히 해야 합니다. 잊지 말아야 할 것은 과자나 빵, 튀김 같은 것을 늦게 먹으면 복부와 하체에 집중적으로 살이 찌고 체력도 저하된다는 것입니다. 자기 전에 누워서 두 다리를 들고 가위 차기, 공중 자전거 돌리기 같은 동작도 꾸준히 하면 좋습니다.

10. 운동할 때 a. 높은 중량으로 적게 자극을 주는 게 좋을까요? 아니면 b. 낮은 중량이나 강도로 반복을 많이 하는 게 좋을까요?
운동의 목적이 무엇이냐에 따라서 a로 할지 b로 할지가 결정이 됩니다. 간단하게 답을 하자면 몸의 사이즈를 크게 만들고 싶다면 a 방법으로 운동하고, 몸의 사이즈를 줄이거나 선명도를 원한다면 b 방법으로 운동하는 것이 좋습니다.

* 이 밖에 본문에서 다룬 운동을 따라할 수 있는 방법과 다양한 건강 정보에 대해서는 유튜브의 "정주호의 스타트레인"에 업로드되어 있습니다.